ZARİF SUSHI KASELERİ EL KİTABI

Sushi Tas Deneyiminizi Geliştirecek 100 Kase Dolu Sevinç

Burcu Aktaş

Telif Hakkı Malzemesi ©2024

Her hakkı saklıdır

Bu kitabın hiçbir bölümü, incelemede kullanılan kısa alıntılar dışında, yayıncının ve telif hakkı sahibinin uygun yazılı izni olmadan, hiçbir şekilde veya yöntemle kullanılamaz veya aktarılamaz. Bu kitap tıbbi, hukuki veya diğer profesyonel tavsiyelerin yerine geçmemelidir.

İÇİNDEKİLER _

İÇİNDEKİLER _ 3
GİRİİŞ 7
YAPISIZ SUŞİ KASELERİ 8
   1. Yapısız Kaliforniya Rulo Suşi Kasesi 9
   2. Yapısız Baharatlı Ton Balıklı Suşi Kasesi 11
   3. Yapısız Ejderha Rulo Suşi Kasesi 13
   4. Yapısız Baharatlı Somon Suşi Kasesi 15
   5. Yapısız Gökkuşağı Rulo Suşi Kasesi 17
   6. Yapısız Karides Tempura Suşi Kasesi 19
   7. Yapısız Philly Rulo Suşi Kasesi 21
   8. Yapısız Dinamit Rulo Suşi Kasesi 23
   9. Yapısız Sebzeli Rulo Suşi Kasesi 25
BALIK VE DENİZ ÜRÜNLERİ SUŞİ KASELERİ 27
   10. Kaisen (Bir Kase Pirinç Üzerinde Taze Sashimi) 28
   11. Füme Uskumru Chirashi 30
   12. Oyakodo (Somon ve Somon Karaca) 32
   13. Baharatlı İstakoz Suşi Kasesi 34
   14. Avokadolu Ton Balıklı Suşi Kasesi 36
   15. Taze Somon ve Avokado Suşi Kasesi 39
   16. Avokado ve Susam Soslu Somon 41
   17. Dinamit Tarak Suşi Kasesi 43
   18. Ejderha Meyveli ve Somonlu Suşi Kasesi 45
   19. Mangolu Ton Balıklı Suşi Kasesi 47
   20. Baharatlı Ton Balıklı Suşi Kasesi 49
   21. Shoyu ve Baharatlı Mayo Somonlu Suşi Kasesi 51
   22. Kaliforniya Taklit Yengeç Suşi Kasesi 54
   23. Baharatlı Yengeç Suşi Kasesi 56
   24. Kremalı Sriracha Karides Suşi Kasesi 59
   25. Kızartılmış Ton Balıklı Suşi Kasesi 62
   26. Karides ve Ananaslı Suşi Kasesi 64
   27. Ahtapot ve Deniz Yosunu Suşi Kasesi 66

28. SARI KUYRUK SUŞİ KASESİ 68
29. TARAK VE MANGO SUŞİ KASESİ 70
30. BAHARATLI TON BALIĞI VE TURP SUŞİ KASESİ 72
31. SOMON FÜME VE KUŞKONMAZ SUŞİ KASESİ 74
32. MİSO İLE MARİNE EDİLMİŞ KILIÇBALIĞI SUŞİ KASESİ 76
33. ISTAKOZ VE AVOKADO SUŞİ KASESİ 78
34. TON BALIKLI VE KARPUZLU SUŞİ KASESİ 80
35. YUMUŞAK KABUKLU YENGEÇ SUŞİ KASESİ 82
36. IZGARA MAHI-MAHI VE ANANASLI SUŞİ KASESİ 84

SEBZE SUŞİ KASELERİ 86

37. TOFU VE SEBZELİ SUŞİ KASESİ 87
38. TEMPEH SUŞİ KASESİ 89
39. SUSAM KABUKLU MANTAR KASESİ 92
40. GENERAL TSO'NUN TOFU SUŞİ KASESİ 95
41. DOMATESLİ SASHİMİLİ POKÉ KASESİ 98
42. TAHİN SOSLU VEGAN SUSHI KASESİ 101
43. DENİZ YOSUNU PİRİNÇ KASESİ 104
44. TAVADA KIZARTILMIŞ SUŞİ KASESİ 106
45. ÇITIR KIZARMIŞ TOFU SUŞİ KASESİ 108
46. RATATOUİLLE SUŞİ KASESİ 111
47. AVOKADO SUŞİ KASESİ 113
48. YUMURTA, PEYNİR VE YEŞİL FASULYE SUŞİ KASESİ 115
49. AVOKADO VE NOHUT SUŞİ KASESİ 117

MEYVE SUŞİ KASELERİ 119

50. ŞEFTALİ SUŞİ KASESİ 120
51. PORTAKALLI SUŞİ BARDAKLARI 122
52. TROPİKAL CENNET MEYVELİ SUŞİ KASESİ 124
53. DUT MUTLULUK MEYVE SUŞİ KASESİ 126
54. NARENCİYE LOKUM MEYVE SUŞİ KASESİ 128
55. ÇİKOLATALI MUZ MEYVELİ SUŞİ KASESİ 130
56. ELMA TARÇINLI RULO MEYVE SUŞİ KASESİ 132
57. KIVI ÇİLEK NANE MEYVE SUŞİ KASESİ 134
58. PİNA COLADA MEYVELİ SUŞİ KASESİ 136
59. MANGO AVOKADO MUTLULUK MEYVE SUŞİ KASESİ 138

DANA SUSHI KASELERİ 140

60. TERIYAKI SIĞIR SUŞI KASESI 141
61. KORE BULGOGI SIĞIR SUŞI KASESI 143
62. TAY FESLEĞEN SIĞIR SUŞI KASESI 145
63. BAHARATLI SRIRACHA SIĞIR SUŞI KASESI 147
64. SARIMSAK-KIREÇ ETEKLI BIFTEK SUŞI KASESI 149
65. KIŞNIŞ-KIREÇ SIĞIR SUŞI KASESI 151
66. DUMANLI CHIPOTLE SIĞIR SUŞI KASESI 153
67. HOISIN-ZENCEFILLI SIĞIR SUŞI KASESI 155
68. BIFTEK VE AVOKADO SUŞI KASESI 157
69. SUSAMLI ZENCEFILLI SIĞIR SUŞI KASESI 159
70. ÇITIR DANA TEMPURA SUŞI KASESI 161
71. MEKSIKA SIĞIR FAJITA SUŞI KASESI 163
72. PHILLY PEYNIRSTEAK SUŞI KASESI 165
73. SIĞIR ETI VE MANGO TANGO SUŞI KASESI 167
74. SATAY SIĞIR SUŞI KASESI 169

DOMUZ ETİ SUŞİ KASELERİ 171

75. JAMBONLU VE ŞEFTALİLİ SUŞI KASESI 172
76. MANGALDA KISA KABURGA SUŞI KASESI 174
77. TERIYAKI DOMUZ SUŞI KASESI 176
78. BAHARATLI SRIRACHA DOMUZ SUŞI KASESI 178
79. ANANASLI ZENCEFILLI DOMUZ SUŞI KASESI 180
80. KORE BARBEKÜ DOMUZ SUŞI KASESI 182
81. TAY FESLEĞEN DOMUZ SUŞI KASESI 184
82. BARBEKÜ ÇEKILMIŞ DOMUZ SUŞI KASESI 186
83. ELMA ŞARABI SIRLI DOMUZ SUŞI KASESI 188
84. BALLI HARDALLI DOMUZ SUŞI KASESI 190
85. BAHARATLI DOMUZ RULO SUŞI KASESI 192
86. DOMUZ GÖBEĞI BIBIMBAP SUŞI KASESI 194
87. JAMBONLU VE ANANASLI SUŞI KASESI 196
88. PASTIRMA AVOKADO SUŞI KASESI 198
89. SOSIS VE YUMURTA KAHVALTI SUŞI KASESI 200

KÜMES HAYVANI SUŞİ KASELERİ 202

90. TERIYAKI TAVUK SUŞI KASESI 203
91. MANGO SALSA TAVUKLU SUŞI KASESI 205
92. TATLI CHILI LIME TAVUK SUŞI KASESI 207

93. PORTAKALLI ZENCEFIL SIRLI HINDI SUŞI KASESI 209
94. ÖRDEK SUŞI KASESI 211
95. KIŞNIŞ LIMONLU TAVUK VE SIYAH FASULYE SUŞI KASESI 213
96. BARBEKÜ HINDI SUŞI KASESI 215
97. SUSAMLI ZENCEFILLI TAVUK SUŞI KASESI 217
98. SOMON AVOKADO TAVUK SUŞI KASESI 219
99. MANGO LIME HINDI SUŞI KASESI 221
100. ÇITIR TEMPURA TAVUK SUŞI KASESI 223

ÇÖZÜM 225

GİRİŞ

Suşi kasesi deneyiminizi 100 kase dolusu keyifle yükseltmeye yönelik eksiksiz rehberiniz olan "Zarif Suşi Kaseleri El Kitabı"na hoş geldiniz. Bu el kitabı, yaratıcılığın, lezzetlerin ve sadece lezzetli değil aynı zamanda zarif bir şekilde sunulan suşi kaseleri hazırlama sanatının bir kutlamasıdır. Geleneksel suşi deneyimini enfes bir keyif dolu kaseye dönüştüren bir mutfak yolculuğunda bize katılın.

Her biri birer lezzet ve doku şaheseri olan, rengarenk ve ustaca düzenlenmiş suşi kaseleriyle süslenmiş bir masa hayal edin. "Zarif Suşi Kaseleri El Kitabı" yalnızca tariflerden oluşan bir koleksiyon değildir; Bu, malzemelerin, sunumun ve kişiselleştirilmiş suşi kasesi deneyimleri yaratmanın keyfinin keşfidir. İster deneyimli bir suşi tutkunu olun, ister suşi dünyasında yeni olun, bu tarifler size suşi kasesi maceralarınızı yeniden hayal etmeniz ve geliştirmeniz için ilham vermek üzere hazırlandı.

Klasik suşi malzemelerinden yaratıcı kombinasyonlara kadar her kase, suşi kaselerinin sofranıza getirdiği tazeliğin, dengenin ve zarafetin bir kutlamasıdır. İster arkadaşlarınızla bir suşi gecesi düzenliyor olun, ister tek başınıza bir mutfak macerasının tadını çıkarıyor olun, bu el kitabı hem tatmin edici hem de görsel açıdan büyüleyici suşi kaseleri oluşturmak için başvurulacak kaynağınızdır.

Her yaratımın bu sevilen mutfak deneyiminin neşesi ve sanatının bir kanıtı olduğu zarif suşi kaseleri dünyasına dalarken bize katılın. Öyleyse önlüğünüzü giyin, yaratıcılığı kucaklayın ve " Zarif Suşi Kaseleri El Kitabı " ile lezzetli bir yolculuğa çıkalım.

YAPISIZ SUŞİ KASELERİ

1.Yapısız Kaliforniya Rulo Suşi Kasesi

İÇİNDEKİLER:
- 1 bardak suşi pirinci, pişmiş
- 1/2 bardak taklit yengeç veya gerçek yengeç, kıyılmış
- 1/2 avokado, dilimlenmiş
- 1/4 salatalık, jülyen doğranmış
- Garnitür için susam tohumları
- Üzeri için Nori şeritleri
- Servis için soya sosu ve zencefil turşusu

TALİMATLAR:
a) Pişmiş suşi pirincini bir kaseye yayın.
b) Üzerine rendelenmiş yengeç, avokado dilimleri ve jülyen doğranmış salatalığı yerleştirin.
c) Süslemek için susam serpin.
ç) Nori şeritleri ile üst.
d) Yanında soya sosu ve zencefil turşusu ile servis yapın.
e) Yeniden yapılandırılmış California rulo suşi kasesinin tadını çıkarın!

2.Yapısız Baharatlı Ton Balıklı Suşi Kasesi

İÇİNDEKİLER:

- 1 bardak suşi pirinci, pişmiş
- 1/2 bardak baharatlı ton balığı, doğranmış
- 1/4 bardak edamame fasulyesi, buğulanmış
- 1/4 bardak turp, ince dilimlenmiş
- Çiseleyen yağmurlama için Sriracha mayonez
- Garnitür için avokado dilimleri
- Üzeri için susam tohumları

TALİMATLAR:

a) Pişmiş suşi pirincini bir kaseye yayın.
b) Üzerine doğranmış baharatlı ton balığı, buharda pişirilmiş edamame fasulyesi ve dilimlenmiş turpları yerleştirin.
c) Kasenin üzerinde Sriracha mayonezini gezdirin.
ç) Avokado dilimleri ile süsleyin ve susam serpin.
d) Yeniden yapılandırılmış baharatlı ton balıklı suşi kasesinin tadını çıkarın!

3.Yapısız Ejderha Rulo Suşi Kasesi

İÇİNDEKİLER:

- 1 bardak suşi pirinci, pişmiş
- 1/2 bardak yılan balığı, ızgaralanmış ve dilimlenmiş
- 1/4 bardak avokado, dilimlenmiş
- 1/4 bardak salatalık, jülyen doğranmış
- Üzerine serpmek için yılan balığı sosu
- Üzeri için Tobiko (balık yumurtası)
- Servis için turşu zencefil

TALİMATLAR:

a) Pişmiş suşi pirincini bir kaseye yayın.
b) Üzerine ızgara yılan balığı dilimleri, avokado ve jülyen doğranmış salatalığı yerleştirin.
c) Kasenin üzerine yılan balığı sosunu gezdirin.
ç) Tobiko ile doldurun.
d) Yanında turşu zencefil ile servis yapın.
e) Yeniden yapılandırılmış Ejderha rulo suşi kasesinin tadını çıkarın!

4. Yapısız Baharatlı Somon Suşi Kasesi

İÇİNDEKİLER:
- 1 bardak suşi pirinci, pişmiş
- 1/2 bardak baharatlı somon, doğranmış
- 1/4 bardak mango, doğranmış
- 1/4 bardak salatalık, doğranmış
- Üzerine serpmek için baharatlı mayonez
- Garnitür için yeşil soğan
- Üzeri için susam tohumları

TALİMATLAR:
a) Pişmiş suşi pirincini bir kaseye yayın.
b) Üzerine doğranmış baharatlı somonu, doğranmış mangoyu ve doğranmış salatalığı yerleştirin.
c) Kasenin üzerine baharatlı mayonezi gezdirin.
ç) Doğranmış yeşil soğanlarla süsleyin ve susam serpin.
d) Yapısız baharatlı somon suşi kasesinin tadını çıkarın!

5.Yapısız Gökkuşağı Rulo Suşi Kasesi

İÇİNDEKİLER:

- 1 bardak suşi pirinci, pişmiş
- 1/2 bardak yengeç veya taklit yengeç, kıyılmış
- 1/4 bardak avokado, dilimlenmiş
- 1/4 bardak salatalık, jülyen doğranmış
- 1/4 su bardağı havuç, jülyen doğranmış
- 1/4 bardak mango, dilimlenmiş
- Üzeri için Nori şeritleri
- Servis için soya sosu ve zencefil turşusu

TALİMATLAR:

a) Pişmiş suşi pirincini bir kaseye yayın.
b) Üzerine rendelenmiş yengeç, avokado dilimleri, jülyen doğranmış salatalık, havuç ve mangoyu yerleştirin.
c) Nori şeritleri ile üst.
ç) Yanında soya sosu ve zencefil turşusu ile servis yapın.
d) Renkli ve yeniden yapılandırılmış Rainbow Rulo suşi kasesinin tadını çıkarın!

6.Yapısız Karides Tempura Suşi Kasesi

İÇİNDEKİLER:
- 1 bardak suşi pirinci, pişmiş
- 1/2 bardak karides tempura, dilimlenmiş
- 1/4 bardak avokado, dilimlenmiş
- 1/4 bardak salatalık, jülyen doğranmış
- 1/4 bardak turp, ince dilimlenmiş
- Çiseleme için Tempura daldırma sosu
- Garnitür için susam tohumları

TALİMATLAR:
a) Pişmiş suşi pirincini bir kaseye yayın.
b) Üzerine dilimlenmiş karides tempura, avokado, jülyen doğranmış salatalık ve dilimlenmiş turpları yerleştirin.
c) Tempura daldırma sosunu kasenin üzerine gezdirin.
ç) Süslemek için susam serpin.
d) Yapısız karides tempura suşi kasesinin tadını çıkarın!

7.Yapısız Philly Rulo Suşi Kasesi

İÇİNDEKİLER:

- 1 bardak suşi pirinci, pişmiş
- 1/2 bardak füme somon, dilimlenmiş
- 1/4 bardak krem peynir, yumuşatılmış
- 1/4 bardak salatalık, jülyen doğranmış
- 1/4 bardak kırmızı soğan, ince dilimlenmiş
- Tepesi için her şey simit baharatı
- Garnitür için kapari

TALİMATLAR:

a) Pişmiş suşi pirincini bir kaseye yayın.
b) Üzerine dilimlenmiş somon füme, yumuşatılmış krem peynir, jülyen doğranmış salatalık ve ince dilimlenmiş kırmızı soğanı dizin.
c) Tepesi için her şeyi simit baharatını serpin.
ç) Kapari ile süsleyin.
d) Yeniden yapılandırılmış Philly Rulo suşi kasesinin tadını çıkarın!

8. Yapısız Dinamit Rulo Suşi Kasesi

İÇİNDEKİLER:
- 1 bardak suşi pirinci, pişmiş
- 1/2 su bardağı karides, tempura ile kızartılmış veya pişirilmiş
- 1/4 bardak baharatlı mayonez
- 1/4 bardak avokado, doğranmış
- 1/4 bardak salatalık, doğranmış
- Üzeri için Tobiko (balık yumurtası)
- Garnitür için yeşil soğan

TALİMATLAR:
a) Pişmiş suşi pirincini bir kaseye yayın.
b) Tempura ile kızartılmış veya pişmiş karidesleri üstüne yerleştirin.
c) Kasenin üzerine baharatlı mayonezi gezdirin.
ç) Doğranmış avokado ve salatalık ekleyin.
d) Tobiko ile doldurun.
e) Doğranmış yeşil soğanlarla süsleyin.
f) Yeniden yapılandırılmış Dynamite Rulo suşi kasesinin tadını çıkarın!

9.Yapısız Sebzeli Rulo Suşi Kasesi

İÇİNDEKİLER:
- 1 bardak suşi pirinci, pişmiş
- 1/2 bardak tofu, küp şeklinde kesilmiş ve tavada kızartılmış
- 1/4 bardak avokado, dilimlenmiş
- 1/4 bardak salatalık, jülyen doğranmış
- 1/4 su bardağı havuç, jülyen doğranmış
- 1/4 bardak kırmızı dolmalık biber, ince dilimlenmiş
- Soya sosu ve susam yağı sosu
- Garnitür için susam tohumları

TALİMATLAR:
a) Pişmiş suşi pirincini bir kaseye yayın.
b) Tavada kızartılmış tofu, avokado dilimleri, jülyen doğranmış salatalık, havuç ve dilimlenmiş kırmızı dolmalık biberi üstüne yerleştirin.
c) Pansuman için soya sosu ve susam yağı karışımını gezdirin.
ç) Süslemek için susam serpin.
d) Canlandırıcı ve bitki bazlı bir seçenek olan yeniden yapılandırılmış Veggie Rulo suşi kasesinin tadını çıkarın!

BALIK VE DENİZ ÜRÜNLERİ SUŞİ KASELERİ

10.Kaisen (Bir Kase Pirinç Üzerinde Taze Sashimi)

İÇİNDEKİLER:
- 800 gr (5 su bardağı) terbiyeli suşi pirinci

TOPLAMLAR
- 240 gr (8½ oz) sashimi kalitesinde somon
- 160 gr (5½ oz) sashimi kalitesinde ton balığı
- 100 gr (3½ oz) sashimi kalitesinde levrek
- 100 gr (3½ oz) pişmiş karides (karides)
- 4 kırmızı turp, rendelenmiş
- 4 shiso yaprağı
- 40 gr (1½ oz) somon balığı yumurtası

HİZMET ETMEK
- zencefil turşusu
- wasabi ezmesi
- soya sosu

TALİMATLAR:
a) Somon filetoyu 16 dilime, ton balığı ve levreği ise 12 dilime bölün. Balığın yumuşak olduğundan emin olmak için tahıl boyunca dilimlediğinizden emin olun.

b) Servis yapmak için suşi pirincini dört ayrı kaseye bölün ve pirincin yüzeyini düzleştirin. Üst üste dilimler halinde düzenlenmiş somon, ton balığı, levrek ve karidesleri (karides) ekleyin.

c) Rendelenmiş kırmızı turp, shiso yaprakları ve somon balığı yumurtasıyla süsleyin.

ç) Damak temizleyici olarak zencefil turşusu ve tadına göre wasabi ve soya sosuyla servis yapın.

11.Füme Uskumru Chirashi

İÇİNDEKİLER:

- ½ salatalık
- ¼ çay kaşığı ince tuz
- 200 g (7 ons) füme uskumru filetosu, kemiksiz, derisiz
- 40 gr (1½ oz) zencefil turşusu, ince doğranmış
- 1 taze soğan (yeşil soğan), ince dilimlenmiş
- 2 çay kaşığı ince kıyılmış dereotu
- 2 yemek kaşığı kızarmış beyaz susam
- 800 gr (5 su bardağı) terbiyeli suşi pirinci
- 1 yaprak nori, parçalara ayrılmış
- servis etmek için koyu soya sosu

TALİMATLAR:

a) Salatalığı olabildiğince ince dilimleyin ve üzerine tuz serpin. Salatalığı hafifçe ovalayın ve 10 dakika bekletin. Bu, salatalığın çıtır kalmasını sağlamak için fazla suyun uzaklaştırılmasına yardımcı olacaktır.

b) Salatalığın fazla suyunu elinizle sıkın.

c) Füme uskumruyu küçük parçalara ayırın.

ç) Pirince salatalık, füme uskumru, zencefil turşusu, taze soğan (soğan), dereotu ve beyaz susam ekleyin. Malzemelerin eşit şekilde yayılması için iyice birleştirin.

d) Paylaşmak için ayrı kaselere veya büyük bir kaseye servis yapın. Nori serpin ve tatmak için koyu soya sosunun üzerine gezdirin.

12.Oyakodo (Somon ve Somon Karaca)

İÇİNDEKİLER:
- 400 gr (2½ su bardağı) baharatlı suşi pirinci

TOPLAMLAR
- 400 gr (14 oz) sashimi kalitesinde somon
- 200 gr (7 oz) marine edilmiş somon yumurtası
- 4 bebek shiso yaprağı
- limon veya limon dilimleri

HİZMET ETMEK
- zencefil turşusu
- wasabi ezmesi
- soya sosu
- Nori şeritleri (isteğe bağlı)

TALİMATLAR:
a) Somonu ince dilimler halinde dilimleyin. Balığın yumuşak olduğundan emin olmak için tahıl boyunca dilimlediğinizden emin olun.

b) Suşi pirincini dört ayrı kaseye yerleştirin ve pirincin yüzeyini düzleştirin. Üstüne sashimi somonu ve somon balığı yumurtası ekleyin. Bebek shiso yaprakları ve limon veya limon dilimleri ile süsleyin.

c) Damak temizleyici olarak zencefil turşusu ve tadına göre wasabi ve soya sosuyla servis yapın. İsterseniz daha fazla lezzet için üzerine nori şeritleri serpin.

13. Baharatlı Istakoz Suşi Kasesi

İÇİNDEKİLER:

- 1½ bardak (300 g) hazırlanmış Geleneksel Suşi pirinci
- 1 çay kaşığı ince rendelenmiş taze zencefil kökü
- Bir adet 8 ons (250 g) buharda pişirilmiş ıstakoz kuyruğu, kabuğu çıkarılmış ve madalyonlar halinde dilimlenmiş
- 1 kivi, soyulmuş ve ince dilimler halinde kesilmiş
- 2 çay kaşığı kıyılmış yeşil soğan (yeşil soğan), yalnızca yeşil kısımları
- Bir avuç spiral kesim daikon turpu
- 2 taze kişniş dalı (kişniş şeritleri)
- 2 yemek kaşığı Ejderha Suyu veya tadı daha fazla

TALİMATLAR:

a) Suşi pirincini ve Ejderha Suyunu hazırlayın.
b) Suşi pirincini iki küçük servis kasesine bölmeden önce parmak uçlarınızı ıslatın. Her kasedeki pirincin yüzeyini yavaşça düzleştirin. Her kasedeki pirincin üzerine rendelenmiş taze zencefil kökünden ½ çay kaşığı yaymak için bir kaşık kullanın.
c) Istakoz madalyonlarını ve kivi meyvesini ikiye bölün. Bir kasede, ıstakoz dilimlerinin yarısını pirinç üzerine kivi dilimlerinin yarısıyla değiştirin ve küçük bir alanı açıkta bırakın. Deseni diğer kasede tekrarlayın. Kıyılmış yeşil soğanlardan 1 çay kaşığını her kasenin ön kısmına yakın bir yere koyun. Spiral kesilmiş daikon turpunu iki kasenin arasına paylaştırıp boş alanı doldurun.
ç) Servis yapmak için her kasedeki daikon turpunun önüne bir taze kişniş dalı koyun. Her kasedeki ıstakoz ve kivi meyvelerinin üzerine 1 çorba kaşığı Ejderha Suyu dökün.

14.Avokadolu Ton Balıklı Suşi Kasesi

İÇİNDEKİLER:
- 1 avokado, soyulmuş ve çekirdekleri çıkarılmış
- 1 limonun taze sıkılmış suyu
- 800 gr (5 su bardağı) terbiyeli kahverengi suşi pirinci
- 1 arpacık soğan veya kırmızı soğan, ince doğranmış ve suya batırılmış
- bir avuç karışık salata yaprağı
- 2 yemek kaşığı arpacık soğanı cipsi (isteğe bağlı)

TUNA
- 1 yemek kaşığı rendelenmiş sarımsak
- 1 yemek kaşığı rendelenmiş zencefil
- 2 yemek kaşığı bitkisel yağ
- 500 g (1 lb 2 oz) sashimi kalitesinde ton balığı bifteği, deniz tuzu ve taze çekilmiş karabiber

PANSUMAN
- 4 yemek kaşığı pirinç sirkesi
- 4 yemek kaşığı hafif soya sosu
- 4 yemek kaşığı mirin
- 4 çay kaşığı kızarmış susam yağı
- 1 limonun taze sıkılmış suyu
- 1 çay kaşığı şeker
- bir tutam tuz

TALİMATLAR:

a) Ton balığını hazırlamak için küçük bir kapta sarımsak, zencefil ve yağı karıştırın. Bunu her ton balığı bifteğinin her iki tarafına sürün, ardından tuz ve karabiberle tatlandırın.

b) Izgara tavasını ısıtın ve ton balığı bifteğinin her iki tarafını da 1 dakika kadar az pişmiş olarak kızartın.

c) Ton balığını soğumaya bırakın ve ardından 2 cm'lik (¾ inç) küpler halinde kesin.

ç) Pansumanı hazırlamak için tüm malzemeleri birleştirin.

d) Avokadoyu büyük küpler halinde kesin ve etinin kahverengileşmesini önlemek için üzerine limon suyunu sıkın.

e) Kahverengi suşi pirincini kaselere yerleştirin ve üzerine ton balığı küpleri, avokado, arpacık soğanı veya kırmızı soğan ve karışık yaprakları ekleyin. Servis yapmadan hemen önce sosu üstüne dökün. Ekstra çıtırlık için, kullanılıyorsa, üzerine arpacık soğanı ekleyin.

15.Taze Somon Ve Avokado Suşi Kasesi

İÇİNDEKİLER:

- 1½ bardak (300 g) hazırlanmış Geleneksel Suşi pirinci
- ¼ küçük jicama, soyulmuş ve kibrit çöpü şeklinde kesilmiş
- ½ jalapeno biberi, çekirdekleri çıkarılmış ve iri doğranmış
- ½ limon suyu
- 4 yemek kaşığı Suşi pilavı Sosu
- 6 ons (200 g) taze somon, dilimler halinde kesilmiş
- ¼ avokado, soyulmuş, çekirdeği çıkarılmış ve ince dilimler halinde kesilmiş
- 2 tepeleme yemek kaşığı somon yumurtası (ikura), isteğe bağlı
- Garnitür için 2 taze kişniş (kişniş) dalı

TALİMATLAR:

a) Suşi pirincini ve Suşi pirinci sosunu hazırlayın.

b) Jicama kibrit çöplerini, doğranmış jalapeño'yu, limon suyunu ve Suşi pirinci sosunu metal olmayan küçük bir kapta karıştırın. En az 10 dakika tatların karışmasını sağlayın. Sıvıyı jicama karışımından boşaltın.

c) 2 küçük kase toplayın. Her kaseye ¾ bardak (150 g) Suşi pirinci eklemeden önce parmak uçlarınızı ıslatın. Pirincin yüzeyini yavaşça düzleştirin. Marine edilmiş jicama'nın ½'sini her kasenin üstüne koyun. Somon ve avokado dilimlerini 2 kaseye bölün ve her birini pirincin üzerine çekici bir desenle yerleştirin. Kullanıyorsanız her kaseye 1 yemek kaşığı somon balığı yumurtası ekleyin.

ç) Servis yapmak için her kasenin üzerine taze kişniş dalı ve Ponzu Sos ekleyin. soya sosu.

16. Avokado ve Susam Soslu Somon

İÇİNDEKİLER:

- 1 yemek kaşığı kızarmış susam yağı
- 2 yemek kaşığı bitkisel yağ
- 1 yemek kaşığı pullanmış (şeritli) badem
- 2 diş sarımsak, ince dilimlenmiş
- 2 çay kaşığı ince kıyılmış zencefil
- 3 yemek kaşığı koyu soya sosu
- 2 yemek kaşığı mirin
- 2 yemek kaşığı kızarmış beyaz susam
- 800 gr (5 su bardağı) terbiyeli suşi pirinci
- 500 g (1 lb 2 oz) sashimi kalitesinde somon, küp şeklinde kesilmiş
- 1 avokado, 2 cm'lik (¾ inç) küpler halinde kesin ve kararmasını önlemek için 1 çay kaşığı taze sıkılmış limon suyuna atın
- 2 kırmızı turp, ince dilimlenmiş
- susam sosu
- bir avuç salata yaprağı

TALİMATLAR:

a) Susam yağını ve bitkisel yağı orta ateşte bir tencereye koyun. Sıcak hale geldiğinde (ama çok dumanlanma noktasına gelmediğinde), bademleri ve sarımsağı ekleyin ve altın rengi olana kadar kızartın. Yapabiliyorsanız, yağı tavanın bir köşesinde toplayacak şekilde tavayı eğin; bu, eşit ve hızlı bir şekilde pişirmeye yardımcı olur. Sarımsakları veya bademleri yakmamaya dikkat edin, aksi takdirde acı olurlar.

b) Isıyı kapatın ve sarımsak parçacıklarını ve bademleri tavadan çıkarın. Tavadaki yağı kağıt havluyla boşaltın.

c) Yağ hala sıcakken zencefili tavaya ekleyin. Zencefil kalan ısıda pişecektir.

ç) Yağ soğuduğunda koyu soya sosunu, mirin ve kavrulmuş susam tohumlarını ekleyin.

d) Suşi pirincini bir kaseye koyun, üstüne kuşbaşı somon, avokado ve kırmızı turp ekleyin. Salata yapraklarını ekleyin ve servis yapmadan hemen önce sosu üzerine dökün.

17.Dinamit Tarak Suşi Kasesi

İÇİNDEKİLER:
- 2 su bardağı (400 gr) hazırlanmış Geleneksel Suşi pirinci
- 2 çay kaşığı kıyılmış yeşil soğan (yeşil soğan), yalnızca yeşil kısımları
- ¼ İngiliz salatalığı (Japon salatalığı), çekirdekleri çıkarılmış ve küçük küpler halinde doğranmış
- 2 taklit yengeç çubuğu, bacak stili, rendelenmiş
- 8 oz (250 g) taze defne tarağı, kabuğu soyulmuş, pişirilmiş ve sıcak tutulmuş
- 4 tepeleme yemek kaşığı Baharatlı Mayonez veya isteğe göre daha fazlası
- 2 çay kaşığı kavrulmuş susam

TALİMATLAR:
a) Suşi pirincini ve Baharatlı Mayonezi hazırlayın.
b) 4 martini bardağı topla. Her bardağın dibine yarım çay kaşığı kıyılmış yeşil soğan koyun.
c) Suşi pirincini ve doğranmış salatalığı küçük bir kaseye yerleştirin. İyice karıştırın.
ç) Pirinç ve salatalık karışımını bardağa bölmeden önce parmak uçlarınızı ıslatın. Pirincin yüzeyini yavaşça düzleştirin.
d) Kıyılmış yengeç çubuğunu bardakların arasına bölün. Her bardağa sıcak defne taraklarının ¼'ünü ekleyin.
e) Her bardağın içeriğine bir çorba kaşığı Baharatlı Mayonez koyun. Baharatlı Mayonezi kabarcıklı hale gelene kadar yaklaşık 15 saniye kızartmak için bir pişirme meşalesi kullanın.
f) Servis yapmadan önce her bardağın üzerine ½ çay kaşığı kavrulmuş susam serpin.

18.Ejderha Meyveli ve Somonlu Suşi Kasesi

İÇİNDEKİLER:
- 1 ejder meyvesi
- 1 pound suşi sınıfı somon, küp şeklinde
- ½ bardak dilimlenmiş salatalık
- ½ bardak dilimlenmiş avokado
- ¼ bardak dilimlenmiş yeşil soğan
- 2 yemek kaşığı soya sosu
- 2 yemek kaşığı pirinç sirkesi
- 1 yemek kaşığı susam yağı
- Tatmak için biber ve tuz
- Servis için geleneksel Pişmiş Suşi pirinci

TALİMATLAR:
a) Ejder meyvesini ikiye bölün ve içini çıkarın.
b) Büyük bir kapta somonu, salatalık, avokado ve yeşil soğanı birleştirin.
c) Ayrı bir kapta soya sosu, pirinç sirkesi, susam yağı, tuz ve karabiberi birlikte çırpın.
ç) Pansumanı iyice birleşene kadar somon karışımına katlayın.
d) Ejderha meyvesinin etini katlayın.
e) Pişmiş pilavın üzerinde servis yapın.

19.Mangolu Ton Balıklı Suşi Kasesi

İÇİNDEKİLER:

- 60 ml soya sosu (¼ bardak + 2 yemek kaşığı)
- 30 ml bitkisel yağ (2 yemek kaşığı)
- 15 ml susam yağı (1 yemek kaşığı)
- 30 ml bal (2 yemek kaşığı)
- 15 ml Sambal Oelek (1 yemek kaşığı, nota bakın)
- 2 çay kaşığı taze rendelenmiş zencefil (nota bakın)
- 3 adet ince dilimlenmiş taze soğan (beyaz ve yeşil kısımları)
- 454 gram suşi sınıfı ahi ton balığı (1 pound), ¼ veya ½ inçlik parçalar halinde doğranmış
- 2 su bardağı suşi pirinci, paketin talimatlarına göre pişirilmiş (başka herhangi bir pirinç veya tahılla değiştirin)

İSTEĞE BAĞLI TOPİNGLER:

- dilimlenmiş avokado
- Dilimlenmiş salatalık
- olgunlaşmamış soya fasülyesi
- Zencefil turşusu
- Doğranmış mango
- Patates cipsi veya wonton cipsi
- Susam taneleri

TALİMATLAR:

a) Orta boy bir kapta soya sosu, bitkisel yağ, susam yağı, bal, Sambal Oelek, zencefil ve yeşil soğanı birlikte çırpın.

b) Doğranmış ton balığını karışıma ekleyin ve karıştırın. Karışımın buzdolabında en az 15 dakika veya 1 saate kadar marine edilmesine izin verin.

c) Servis yapmak için suşi pirincini kaselere alın, üzerine marine edilmiş ton balığını ekleyin ve istediğiniz malzemeleri ekleyin.

ç) Topakların üzerine gezdirmek için ekstra sos olacak; yanında servis yapın.

20. Baharatlı Ton Balıklı Suşi Kasesi

İÇİNDEKİLER:
TON BALIĞI İÇİN:
- 1/2 pound suşi dereceli ton balığı, 1/2-inç küpler halinde kesilmiş
- 1/4 bardak dilimlenmiş yeşil soğan
- 2 yemek kaşığı azaltılmış sodyum soya sosu veya glutensiz tamari
- 1 çay kaşığı susam yağı
- 1/2 çay kaşığı sriracha

BAHARATLI MAYO İÇİN:
- 2 yemek kaşığı hafif mayonez
- 2 çay kaşığı sriracha sosu

KASE İÇİN:
- 1 bardak pişmiş kısa taneli Geleneksel Suşi pirinci veya suşi beyaz pirinci
- 1 bardak salatalık, soyulmuş ve 1/2-inç küpler halinde doğranmış
- 1/2 orta boy Hass avokado (3 ons), dilimlenmiş
- Garnitür için dilimlenmiş 2 yeşil soğan
- 1 çay kaşığı siyah susam
- Servis için azaltılmış sodyum soya veya glutensiz tamari (isteğe bağlı)
- Servis için Sriracha (isteğe bağlı)

TALİMATLAR:
a) Küçük bir kapta mayonez ve srirachayı birleştirin, biraz suyla incelterek üzerine gezdirin.

b) Orta boy bir kapta ton balığını yeşil soğan, soya sosu, susam yağı ve sriracha ile birleştirin. Kaseleri hazırlarken yavaşça karıştırın ve bir kenara koyun.

c) İki kaseye pirincin yarısını, ton balığının, avokadonun, salatalığın ve yeşil soğanın yarısını katlayın.

ç) Baharatlı mayonezi gezdirin ve susam serpin. İstenirse yanında ekstra soya sosu ile servis yapın.

d) Bu nefis Baharatlı Ton Balıklı Suşi Kasesinin cesur ve baharatlı lezzetlerinin tadını çıkarın!

21.Shoyu ve Baharatlı Mayo Somonlu Suşi Kasesi

İÇİNDEKİLER:
- 10 oz. Sashimi Sınıfı Somon veya Ton Balığı, ısırık boyutunda küpler halinde kesilmiş ve ikiye bölünmüş
- 2 porsiyon Suşi pirinci
- Furikake Baharatı

5 OZ BALIK İÇİN SHOYU MARİNASI:
- 1 Yemek Kaşığı Japon Soya Sosu
- ½ Çay Kaşığı Susam Yağı
- ½ Çay Kaşığı Kavrulmuş Susam
- 1 Yeşil Soğan, doğranmış
- ¼ Küçük Tatlı Soğan, ince dilimlenmiş (isteğe bağlı)

5OZ BALIK İÇİN BAHARATLI MAYO:
- 1 yemek kaşığı Kewpie Mayonez
- 1 Çay Kaşığı Tatlı Chili Sos
- ¼ Çay Kaşığı Sriracha
- ¼ Çay Kaşığı La-Yu Chili Yağı veya Susam Yağı
- Bir tutam deniz tuzu
- 1 Yeşil Soğan, doğranmış
- 1 Çay Kaşığı Tobiko, isteğe bağlı

EN İYİ FİKİRLER:
- Kabuklu Edamame
- Avokado
- Baharatlı Yengeç Salatası
- Japon Salatalıkları, ince dilimlenmiş
- Yosun Salatası
- İnce dilimlenmiş turp
- Masago
- Turşu Zencefil
- Vasabi
- Çıtır Kızarmış Soğan
- Turp Filizi
- Shichimi Togarashi

TALİMATLAR:

SHOYU MARİNASI:

a) Bir kasede Japon Soya Sosu, Susam Yağı, Kavrulmuş Susam Tohumları, doğranmış Yeşil Soğan, dilimlenmiş Tatlı Soğan (isteğe bağlı) ve 5 oz küp şeklinde Somonu birleştirin.

b) Diğer malzemeleri hazırlarken birleştirin ve buzdolabına koyun.

BAHARATLI MAYO:

c) Bir kasede Kewpie Mayonez, Tatlı Chili Sos, Sriracha, La-Yu Chili Yağı, bir tutam Deniz Tuzu ve doğranmış Yeşil Soğanları birleştirin. İstenirse daha fazla Sriracha ekleyerek baharat seviyelerini damak tadınıza göre ayarlayın. 5 oz. küp şeklinde somon ekleyin, karıştırın ve buzdolabına koyun.

TOPLANTI:

ç) Pirinci iki servis kasesine yerleştirin, üzerine Furikake Baharatını serpin.

d) Shoyu Somonu, Baharatlı Mayo Somonu, Salatalık, Avokado, Turp, Edamame ve diğer tercih edilen soslar ile en iyi pirinç kaseleri.

22.Kaliforniya Taklit Yengeç Suşi Kasesi

İÇİNDEKİLER:

- 2 bardak suşi pirinci
- 1 atıştırmalık paketi kavrulmuş deniz yosunu şeritleri
- 1 su bardağı taklit yengeç eti
- ½ mango
- ½ avokado
- ½ fincan İngiliz salatalık
- ¼ bardak jalapeno, doğranmış
- 4 yemek kaşığı baharatlı mayonez
- 3 yemek kaşığı pirinç sirkesi
- 2 yemek kaşığı balzamik sır
- 1 yemek kaşığı susam

TALİMATLAR:

a) Pirinci paket talimatlarına göre pişirin. Pişirdikten sonra pirinç sirkesini karıştırın ve kasenize koyun.
b) Mango ve sebzeleri çok ince doğrayın. Baharatlı bir çıtırlık için jalapenoları dilimleyin. Bunları pirincin üzerine katlayın.
c) İnce doğranmış taklit yengeç etini kaseye ekleyin.
ç) Daha fazla lezzet için baharatlı mayonez ve balzamik sırını kasenin üzerine gezdirin. Üstüne susam ve deniz yosunu şeritleri koyun.
d) Eğlence!

23.Baharatlı Yengeç Suşi Kasesi

İÇİNDEKİLER:
SUŞİ PİRİNCİ:
- 1 su bardağı kısa taneli suşi pirinci
- 2 yemek kaşığı pirinç sirkesi
- 1 çay kaşığı şeker

SUSHI KASE SOSU:
- 1 yemek kaşığı esmer şeker
- 3 yemek kaşığı mirin
- 2 yemek kaşığı pirinç sirkesi
- 3 yemek kaşığı soya sosu
- ¼ çay kaşığı mısır nişastası

BAHARATLI YENGEÇ SALATASI:
- 8 ons taklit yengeç eti, kıyılmış veya doğranmış
- ⅓ fincan mayonez (varsa Japon usulü)
- 2 yemek kaşığı sriracha, tadı daha fazla veya daha az

SUSHI KASELERİ (İSTEDİĞİNİZİ KULLANIN):
- Deniz yosunu salatası
- Dilimlenmiş yeşil soğan
- dilimlenmiş salatalık
- Julienlenmiş havuç
- Avokado küpü
- Taze ıspanak yaprakları
- Daikon turşusu veya diğer Japon turşuları
- Susam yağı
- Susam taneleri

TALİMATLAR:
SUŞİ PİRİNCİ HAZIRLAYIN:
a) Suşi pirincini paketin üzerindeki talimatlara göre pişirin. Pişirdikten sonra pirinç sirkesi ve şekeri serpin. Birleştirmek için yavaşça karıştırın. Pirincin hafifçe soğumasına izin verin.

SUSHI TAS SOSUNUN YAPILIŞI:
b) Soğuk bir tencerede esmer şeker, mirin, pirinç sirkesi, soya sosu ve mısır nişastasını birlikte çırpın. Sosu orta ateşte ısıtın, kaynatın ve bir dakika kaynamaya bırakın. Bu işlem sırasında karıştırın . Diğer kase malzemelerini hazırlarken ocağı kapatın ve sosu soğumaya bırakın.

BAHARATLI YENGEÇ SALATASI HAZIRLANIŞI:
c) Bir kasede taklit yengeç etini, mayonezi ve srirachayı birleştirin. Sriracha veya mayoyu beğeninize göre ayarlayın.

ç) Kullanıma hazır olana kadar buzdolabında saklayın.

SUSHI KASELERİNİ BİRLEŞTİRİN:
d) Sığ kaselerde pirinç ve/veya taze ıspanaktan bir taban oluşturun. Üstüne baharatlı yengeç ve seçtiğiniz ek sosları ekleyin.

e) Hazırlanan sosu bir araya getirilen kaselerin üzerine gezdirin. Daha fazla lezzet için bir miktar susam yağı ekleyin ve susam serpin.

f) Sıcak pilavın üzerine soğuk malzemelerle hemen servis yapın.

24. Kremalı Sriracha Karides Suşi Kasesi

İÇİNDEKİLER:

SUSHI KASELERİ İÇİN:
- 1 lb pişmiş karides
- 1 sayfa nori, şeritler halinde kesilmiş
- 1 avokado, dilimlenmiş
- 1 paket deniz yosunu salatası
- 1/2 kırmızı biber, doğranmış
- 1/2 bardak kırmızı lahana, ince dilimlenmiş
- 1/3 bardak kişniş, ince doğranmış
- 2 yemek kaşığı susam
- 2 yemek kaşığı wonton şeridi

SUŞİ PİRİNCİ İÇİN:
- 1 bardak pişmiş suşi pirinci (yaklaşık 1/2 bardak kuru - su miktarı için pakete bakın, genellikle 1 1/2 bardak)
- 2 yemek kaşığı şeker
- 2 yemek kaşığı pirinç şarabı sirkesi

KREMALI SRIRACHA SOS İÇİN:
- 1 yemek kaşığı sriracha
- 1/2 bardak ekşi krema

LİMONLU MISIR İÇİN:
- 1/2 bardak mısır
- 1/2 sap limon otu, ince dilimlenmiş
- 1 diş sarımsak, kıyılmış
- 1 yemek kaşığı soya sosu

TALİMATLAR:

SUŞİ PİRİNCİ HAZIRLAYIN:
a) Suşi pirincini bir pirinç pişiricisinde veya paket talimatlarına göre pişirin. Pişirme bittiğinde şeker ve pirinç sirkesini ekleyin ve üzerini kaplayın.

KREMLİ SRIRACHA SOSU:
b) Sriracha ve ekşi kremayı birlikte karıştırın. Karidesleri bu sosa atın. Önceden pişirilmiş karides kullanın veya dondurulmuş çiğ karidesin buzunu çözün ve suda 2-3 dakika kaynatın.

LİMON OTU MISIR:
c) Mısır, soya sosu, sarımsak ve limon otunu orta-yüksek ateşte 5-6 dakika pişene kadar kızartın.

SUSHI KASELERİNİ BİRLEŞTİRİN:
ç) Her kaseye suşi pirinci ekleyin, ardından karides ve nori şeritleri, avokado dilimleri, deniz yosunu salatası, doğranmış kırmızı biber, ince dilimlenmiş kırmızı lahana, kişniş, susam ve wonton şeritleri dahil diğer tüm malzemeleri ekleyin.

d) Kremalı sriracha kaplı karideslerin eşit şekilde dağılmasını sağlayarak her şeyi kasede karıştırın.

25.Kızartılmış Ton Balıklı Suşi Kasesi

İÇİNDEKİLER:
KASE İÇİN
- 1 kiloluk Dayanılmazlar kurutulmuş ton balığı ve Tataki
- Suşi pirinci

MARİNA İÇİN
- ¼ bardak tatlı soğan, ince dilimlenmiş
- 1 yeşil soğan, ince dilimlenmiş (yaklaşık ¼ bardak) artı garnitür için daha fazlası
- 2 diş sarımsak, kıyılmış
- 2 çay kaşığı siyah susam, kızartılmış artı garnitür için daha fazlası
- 2 çay kaşığı kaju fıstığı (kavrulmuş ve tuzsuz), doğranmış ve kızartılmış
- 1 kırmızı biber doğranmış ve garnitür için daha fazlası
- 3 yemek kaşığı soya sosu
- 2 yemek kaşığı susam yağı
- 2 çay kaşığı pirinç sirkesi
- 1 çay kaşığı limon suyu
- 1 yemek kaşığı sriracha artı servis için daha fazlası
- ¼ çay kaşığı deniz tuzu
- ½ çay kaşığı kırmızı biber gevreği (isteğe bağlı)

EKSTRA GARNİTÜR SEÇENEKLERİ
- Dilimlenmiş salatalık
- Dilimlenmiş turp
- dilimlenmiş lahana
- Deniz yosunu gevreği
- Doğranmış avokado
- olgunlaşmamış soya fasülyesi

TALİMATLAR:
a) Marine edilmiş tüm malzemeleri büyük bir kapta birleştirin ve kızartılmış ton balığı dilimlerini ekleyin ve hafifçe karıştırın.
b) Örtün ve 10-30 dakika buzdolabında saklayın.
c) Buzdolabından çıkarın ve istediğiniz garnitürlerle ve yanında biraz acı sos/sriracha ile birlikte beyaz pirinç yatağının üzerinde servis yapın.

26.Karides ve Ananaslı Suşi Kasesi

İÇİNDEKİLER:
- 1 lb büyük karides, soyulmuş ve ayrılmış
- 1/4 bardak soya sosu
- 2 yemek kaşığı ananas suyu
- 1 yemek kaşığı pirinç sirkesi
- 1 çay kaşığı bal
- 1 su bardağı doğranmış ananas
- 1 kırmızı dolmalık biber, ince dilimlenmiş
- 1/4 su bardağı doğranmış yeşil soğan
- 2 su bardağı pişmiş suşi pirinci
- Süslemek için ezilmiş kırmızı biber gevreği

TALİMATLAR:
a) Turşuyu hazırlamak için soya sosu, ananas suyu, pirinç sirkesi ve balı birleştirin.
b) Karidesleri marinenin içine atın ve 20-30 dakika buzdolabında saklayın.
c) Karidesleri pembeleşip opaklaşana kadar bir tavada pişirin.
ç) Temel olarak suşi pirinci içeren kaseler oluşturun.
d) Üzerine pişmiş karides, doğranmış ananas, dilimlenmiş kırmızı dolmalık biber ve yeşil soğan ekleyin.
e) Üzerini toz kırmızı biberle süsleyip servis yapın.

27.Ahtapot ve Deniz Yosunu Suşi Kasesi

İÇİNDEKİLER:

- 1 lb ahtapot, pişmiş ve dilimlenmiş
- 1/4 bardak soya sosu
- 2 yemek kaşığı mirin
- 1 yemek kaşığı susam yağı
- 1 çay kaşığı rendelenmiş sarımsak
- 1 bardak wakame deniz yosunu, rehidre edilmiş
- 1 turp, ince dilimlenmiş
- 2 su bardağı pişmiş suşi pirinci
- Garnitür için Nori şeritleri

TALİMATLAR:

a) Marine için soya sosu, mirin, susam yağı ve rendelenmiş sarımsağı birlikte çırpın.
b) Dilimlenmiş ahtapotları marinenin içine atın ve en az 30 dakika buzdolabında saklayın.
c) Taban olarak suşi pirinci içeren kaseleri düzenleyin.
ç) Üstüne marine edilmiş ahtapot, rehidre edilmiş wakame deniz yosunu ve dilimlenmiş turp ekleyin.
d) Nori şeritleriyle süsleyip servis yapın.

28.Sarı kuyruk Suşi Kasesi

İÇİNDEKİLER:

- 1 lb sarı kuyruk (hamachi), doğranmış
- 1/4 bardak ponzu sosu
- 1 yemek kaşığı susam yağı
- 1 çay kaşığı taze limon suyu
- 1 çay kaşığı wasabi ezmesi (isteğe bağlı)
- 1 bardak jicama, jülyen doğranmış
- 1 bardak salatalık, dilimlenmiş
- 2 bardak suşi pirinci
- Garnitür için avokado dilimleri
- Garnitür için doğranmış kişniş

TALİMATLAR:

a) Bir kasede ponzu sosu, susam yağı, limon suyu ve wasabi ezmesini birleştirin.
b) Doğranmış sarı kuyruğu turşunun içine atın ve en az 30 dakika buzdolabında saklayın.
c) Temel olarak suşi pirinci içeren kaseler oluşturun.
ç) Üstüne marine edilmiş sarı kuyruk, jicama, salatalık ve avokado dilimleri ekleyin.
d) Kıyılmış maydanozla süsleyip servis yapın.

29.Tarak ve Mango Suşi Kasesi

İÇİNDEKİLER:

- 1 lb taze tarak, yarıya bölünmüş
- 1/4 bardak hindistan cevizi aminoları (veya soya sosu)
- 1 yemek kaşığı pirinç sirkesi
- 1 yemek kaşığı bal
- 1 mango, soyulmuş ve küp şeklinde
- 1 kırmızı biber, ince dilimlenmiş
- 1 su bardağı kıyılmış lahana
- 2 bardak suşi pirinci, pişmiş
- Süslemek için kavrulmuş susam

TALİMATLAR:

a) Marine için hindistan cevizi aminolarını, pirinç sirkesini ve balı birlikte çırpın.

b) Deniz taraklarını marine sosunun içine atın ve 20-30 dakika buzdolabında saklayın.

c) Taban olarak Geleneksel Suşi pirincini içeren kaseleri birleştirin.

ç) Üstüne marine edilmiş deniz tarağı, mango küpleri, dilimlenmiş kırmızı biber ve kıyılmış lahana ekleyin.

d) Kavrulmuş susamla süsleyip servis yapın.

30.Baharatlı Ton Balığı ve Turp Suşi Kasesi

İÇİNDEKİLER:
- 1 lb suşi sınıfı ton balığı, doğranmış
- 2 yemek kaşığı gochujang (Kore kırmızı biber salçası)
- 1 yemek kaşığı soya sosu
- 1 yemek kaşığı susam yağı
- 1 çay kaşığı pirinç sirkesi
- 1 bardak daikon turpu, jülyen doğranmış
- 1 su bardağı dilimlenmiş bezelye
- 2 bardak Geleneksel Suşi pirinci, pişmiş
- Garnitür için yeşil soğan

TALİMATLAR:
a) Baharatlı sos yapmak için gochujang, soya sosu, susam yağı ve pirinç sirkesini karıştırın.
b) Doğranmış ton balığını baharatlı sosa atın ve 30 dakika buzdolabında bekletin.
c) Taban olarak Geleneksel Suşi pirincini içeren kaseleri birleştirin.
ç) Üstüne marine edilmiş ton balığı, jülyen doğranmış daikon turpu ve dilimlenmiş bezelye ekleyin.
d) Doğranmış yeşil soğanlarla süsleyip servis yapın.

31.Somon Füme ve Kuşkonmaz Suşi Kasesi

İÇİNDEKİLER:

- 1 lb füme somon, kuşbaşı
- 1/4 bardak soya sosu
- 2 yemek kaşığı mirin
- 1 yemek kaşığı zencefil turşusu, kıyılmış
- 1 demet kuşkonmaz, beyazlatılmış ve dilimlenmiş
- 1 su bardağı kiraz domates, ikiye bölünmüş
- 2 bardak Geleneksel Suşi pirinci, pişmiş
- Garnitür için limon dilimleri

TALİMATLAR:

a) Marine için soya sosu, mirin ve kıyılmış turşu zencefilini birlikte çırpın.

b) Füme somonu marinenin içine atın ve 15-20 dakika buzdolabında bekletin.

c) Taban olarak pişmiş Geleneksel Suşi pirinci içeren kaseler oluşturun.

ç) Üstüne marine edilmiş füme somon, dilimlenmiş kuşkonmaz ve kiraz domates ekleyin.

d) Limon dilimleriyle süsleyip servis yapın.

32. Miso ile Marine Edilmiş Kılıçbalığı Suşi Kasesi

İÇİNDEKİLER:

- 1 lb kılıçbalığı, küp şeklinde
- 2 yemek kaşığı beyaz miso ezmesi
- 1 yemek kaşığı soya sosu
- 1 yemek kaşığı pirinç sirkesi
- 1 çay kaşığı susam yağı
- 1 bardak turp, ince dilimlenmiş
- 1 bardak salatalık, doğranmış
- 2 bardak suşi pirinci
- Garnitür için rendelenmiş nori

TALİMATLAR:

a) Bir kapta miso ezmesini, soya sosunu, pirinç sirkesini ve susam yağını birlikte çırpın.
b) Kılıç balıklarını karışımda en az 30 dakika marine edin.
c) Temel olarak suşi pirinci içeren kaseler oluşturun.
ç) Üstüne marine edilmiş kılıç balığı, dilimlenmiş turp ve doğranmış salatalık ekleyin.
d) Kıyılmış nori ile süsleyin ve servis yapın.

33.Istakoz ve Avokado Suşi Kasesi

İÇİNDEKİLER:
- 1 lb pişmiş ıstakoz eti, doğranmış
- 1/4 bardak ponzu sosu
- 1 yemek kaşığı bal
- 1 çay kaşığı taze zencefil, rendelenmiş
- 1 avokado, doğranmış
- 1 bardak mango, doğranmış
- 2 bardak Geleneksel Suşi pirinci, pişmiş
- Garnitür için kıyılmış frenk soğanı

TALİMATLAR:
a) Ponzu sosu, bal ve rendelenmiş zencefili bir kasede karıştırın.
b) Kıyılmış ıstakoz etini marineye atın ve 20 dakika buzdolabında saklayın.
c) Taban olarak Geleneksel Suşi pirincini içeren kaseleri birleştirin.
ç) Üstüne marine edilmiş ıstakoz, doğranmış avokado ve mango ekleyin.
d) Kıyılmış frenk soğanı ile süsleyip servis yapın.

34.Ton Balıklı ve Karpuzlu Suşi Kasesi

İÇİNDEKİLER:

- 1 lb suşi dereceli ton balığı, küp şeklinde
- 1/4 bardak hindistan cevizi aminoları (veya soya sosu)
- 2 yemek kaşığı limon suyu
- 1 yemek kaşığı susam yağı
- 2 su bardağı karpuz, doğranmış
- 1 bardak salatalık, dilimlenmiş
- 2 bardak Geleneksel Suşi pirinci, pişmiş
- Garnitür için nane yaprakları

TALİMATLAR:

a) Marine için hindistancevizi aminolarını, limon suyunu ve susam yağını birlikte çırpın.
b) Ton balığını marineye atın ve 30 dakika buzdolabında bekletin.
c) Taban olarak pişmiş Geleneksel Suşi pirinci içeren kaseler oluşturun.
ç) Üstüne marine edilmiş ton balığı, doğranmış karpuz ve dilimlenmiş salatalık ekleyin.
d) Taze nane yapraklarıyla süsleyip servis yapın.

35.Yumuşak Kabuklu Yengeç Suşi Kasesi

İÇİNDEKİLER:
- 4 adet yumuşak kabuklu yengeç, temizlenmiş
- 1/4 bardak mayonez
- 1 yemek kaşığı sriracha
- 1 yemek kaşığı limon suyu
- 1 su bardağı kıyılmış marul
- 1/2 bardak radicchio, doğranmış
- 2 bardak suşi pirinci
- Garnitür için susam tohumları

TALİMATLAR:
a) Sosu oluşturmak için bir kasede mayonez, sriracha ve limon suyunu karıştırın.
b) Yumuşak kabuklu yengeçleri sosla kaplayın ve çıtır çıtır olana kadar tavada kızartın.
c) Temel olarak suşi pirinci içeren kaseler oluşturun.
ç) Üstüne rendelenmiş marul, doğranmış radikyo ve çıtır yumuşak kabuklu yengeçler ekleyin.
d) Susamla süsleyip servis yapın.

36.Izgara Mahi-Mahi ve Ananaslı Suşi Kasesi

İÇİNDEKİLER:

- 1 lb mahi-mahi filetosu, ızgaralanmış ve pul pul dökülmüş
- 1/4 bardak teriyaki sosu
- 1 yemek kaşığı limon suyu
- 1 çay kaşığı bal
- 1 bardak ananas, doğranmış
- 1 bardak kırmızı dolmalık biber, dilimlenmiş
- 2 bardak Geleneksel Suşi pirinci, pişmiş
- Garnitür için doğranmış kişniş

TALİMATLAR:

a) Marine için teriyaki sosunu, limon suyunu ve balı birlikte çırpın.
b) Izgara mahi-mahi'yi turşunun içine atın ve 20 dakika buzdolabında saklayın.
c) Taban olarak pişmiş Geleneksel Suşi pirincini içeren kaseleri birleştirin.
ç) Üstüne pul pul mahi-mahi, doğranmış ananas ve dilimlenmiş kırmızı dolmalık biber ekleyin.
d) Kıyılmış maydanozla süsleyip servis yapın.

SEBZE SUŞİ KASELERİ

37.Tofu ve Sebzeli Suşi Kasesi

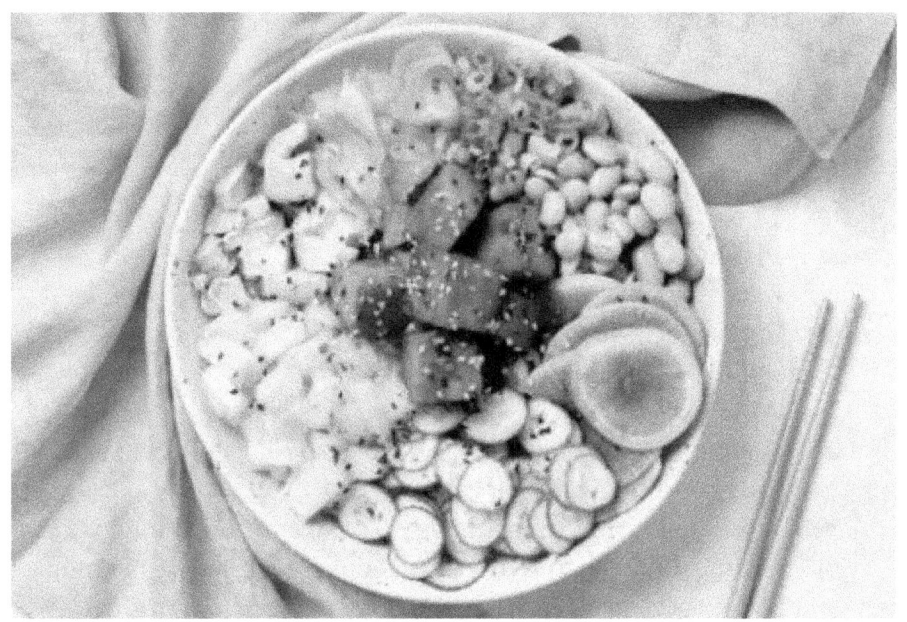

İÇİNDEKİLER:

- 1 blok sert tofu, küp şeklinde
- 1/4 bardak soya sosu
- 2 yemek kaşığı pirinç sirkesi
- 1 yemek kaşığı susam yağı
- 1 çay kaşığı agave şurubu veya bal
- 1 su bardağı kiraz domates, ikiye bölünmüş
- 1 dolmalık biber, doğranmış
- 1 havuç, jülyen doğranmış
- 2 su bardağı pişmiş Geleneksel Suşi pirinci
- Garnitür için susam tohumları

TALİMATLAR:

a) Turşuyu oluşturmak için soya sosu, pirinç sirkesi, susam yağı ve agav şurubunu karıştırın.
b) Tofu küplerini turşuya atın ve 30 dakika buzdolabında saklayın.
c) Marine edilmiş tofuyu bir tavada altın rengi kahverengi olana kadar soteleyin.
ç) Taban olarak Geleneksel Suşi pirincini içeren kaseleri birleştirin.
d) Üstüne sotelenmiş tofu, kiraz domates, doğranmış dolmalık biber ve jülyen doğranmış havuç ekleyin.
e) Susamla süsleyip servis yapın.

38.Tempeh Suşi Kasesi

İÇİNDEKİLER:
- 200 g pişmiş Geleneksel Suşi pirinci
- 70 gr Tempeh/Tofu veya mantar
- ½ küçük kırmızı biber
- 1 küçük diş sarımsak
- Küçük parça taze zencefil
- 2 adet yeşil soğan/taze soğan
- 1 yemek kaşığı Tamari
- 35 gr dondurulmuş edamame fasulyesi veya bezelye
- 1 küçük havuç
- 1 olgun avokado
- ½ taze mango

GARNİTÜR:
- Kavrulmuş Susam tohumları
- 1 limon veya ½ limon

TALİMATLAR:
a) Pirinci paket talimatlarına göre pişirin veya önceden pişirilmiş bir paket kullanın.
b) Dondurulmuş edamame/bezelyeyi örtmek ve çözmek için bir kaseye kaynar su dökün.
c) Tempeh/tofu veya mantarları ısırık büyüklüğünde parçalar halinde doğrayın. Sarımsak, yeşil soğan, zencefil ve kırmızı biberi ince ince doğrayın.
ç) Orta boy yapışmaz bir tavayı yüksek ateşte ısıtın. Sarımsak, zencefil, kırmızı biber ve yeşil soğan ekleyin. Isıyı orta dereceye düşürün ve ara sıra karıştırarak 3 dakika pişirin. Tempeh/tofu veya mantarları ekleyin ve 3-4 dakika pişirin. Tamariyi ekleyin ve tamari azalıncaya kadar 1 dakika daha pişirin. Tempeh/tofuyu her tarafının pişmesi için hareket ettirin. Bir kenara koyun.
d) Avokadoyu istediğiniz kalınlıkta dilimleyin.
e) Mangoyu soyun ve doğrayın.
f) Havucu soyun ve bir soyucu kullanarak uzun ince şeritler oluşturun.
g) Edamame/bezelyeyi boşaltın.

SUSHI KASE'Yİ BİRLEŞTİRİN:
ğ) Pirinci/kinoayı iki kaseye bölün. Aynısını tempeh/tofu veya mantarlarla yapın ve diğer bileşenlere yer bırakın.
h) Kaselerin arasına avokado, havuç, edamame/bezelye ve mango ekleyin.
ı) Kavrulmuş susam ve taze limon veya limon suyuyla süsleyin.

39.Susam Kabuklu Mantar Kasesi

İÇİNDEKİLER:
- 2 yemek kaşığı beyaz susam
- 1 yemek kaşığı siyah çörek otu tohumu
- 1/3 bardak panko galeta unu
- 1 yumurta
- 1 yemek kaşığı süt
- 200 gr düğme mantarı
- 1 demet brokoli
- 1/3 bardak dondurulmuş edamame fasulyesi, çözülmüş
- 1 su bardağı pişmiş Geleneksel Suşi pirinci
- 1 avokado, dilimlenmiş
- ¾ bardak kırmızı lahana, ince dilimlenmiş
- 1 küçük salatalık, ince dilimlenmiş
- 4 turp, ince dilimlenmiş
- 2 adet taze soğan (ince dilimlenmiş) (servis için)
- Zencefil turşusu (servis için)

PANSUMAN:
- 1 çay kaşığı beyaz miso ezmesi
- 3 yemek kaşığı mirin
- 1 çay kaşığı fıstık ezmesi
- 3 çay kaşığı sızma zeytinyağı

TALİMATLAR:
a) Büyük bir kapta susam tohumlarını, çörek otu tohumlarını, ekmek kırıntılarını ve bir tutam deniz tuzunu birleştirin.
b) Başka bir kapta yumurta ve sütü birlikte çırpın.
c) Mantarları yumurta karışımına batırın, ardından eşit şekilde kaplanacak şekilde kırıntı karışımında yuvarlayın.
ç) 2 yemek kaşığı zeytinyağını büyük yapışmaz bir tavada orta ateşte ısıtın.
d) Gruplar halinde çalışarak mantarları 5 dakika veya dış kırıntı gevrek ve altın rengi kahverengi olana kadar pişirin.
e) Fazla yağı emmesi için kağıt havluyla kaplı bir tabağa aktarın.
f) Büyük bir tencereye su koyup kaynatın. Brokolini ve edamame'yi ekleyin, 1 dakika kadar veya brokolini pişene ancak hala gevrek olana ve edamame parlak yeşil olana kadar pişirin. Drenaj yapın ve bir kenara koyun.

PANSİYONU HAZIRLAYIN:
g) Küçük bir sürahide, miso ezmesi topaklarını çözmek için iyice karıştırarak tüm pansuman malzemelerini birleştirin.

KASE MONTAJI:
ğ) Geleneksel Suşi pirincini iki servis kasesine bölün.
h) Avokado, lahana, salatalık, turp ve pişmiş sebzeleri pirincin üzerine ve kasenin kenarlarına yerleştirin.
ı) Üzerine ufalanmış mantarları serpin.
i) Taze soğan serpin, sosun üzerine gezdirin ve zencefil turşusu ile süsleyin.
j) Sağlıklı ve çıtır susam kabuklu mantar kasenizin tadını çıkarın!

40.General Tso'nun Tofu Suşi Kasesi

İÇİNDEKİLER:

BAZ
- 2 su bardağı pişmiş suşi pirinci

SEBZELER
- 10 adet kiraz domates, ikiye veya üçe bölünmüş
- İnce dilimlenmiş 2-3 küçük turp
- 1 orta boy havuç, ince dilimlenmiş
- 1 Lübnan salatalık, ince dilimlenmiş
- 1 bardak dondurulmuş kabuklu edamame, çözülmüş ve süzülmüş
- 1/2 su bardağı kırmızı soğan turşusu
- 1 avokado, soyulmuş, çekirdeği çıkarılmış ve dilimlenmiş

GENEL TSO'NUN TOFU'SU İÇİN
- 1/2 kiloluk sert tofu, küp şeklinde
- 2 yemek kaşığı tapyoka nişastası (veya mısır nişastası)
- Pişirmek için 2-3 yemek kaşığı avokado yağı

SOSU İÇİN
- 3/4 su bardağı su
- 2 yemek kaşığı ketçap
- 2 yemek kaşığı pirinç sirkesi
- 2 yemek kaşığı saf akçaağaç şurubu
- 2 yemek kaşığı tamari
- 1 yemek kaşığı kızarmış susam yağı
- 1 çay kaşığı sriracha
- 1/4 çay kaşığı öğütülmüş zencefil
- 1/8 çay kaşığı Çin beş baharatı
- 2 diş sarımsak, kıyılmış

SÜSLEMEK İÇİN
- Siyah ve beyaz susam tohumları

TALİMATLAR:

a) Pirinci paketin üzerindeki talimatlara göre veya favori yönteminizi kullanarak pişirin.
b) Bu arada sebzelerinizi hazırlayın, ancak kararmayı önlemek için avokadoyu soyup dilimlemek için sonuna kadar bekleyin.
c) Tofuyu ısırık büyüklüğünde küpler halinde kesin ve tapyoka nişastasıyla birlikte orta boy bir kaseye yerleştirin; tofu tamamen ve eşit bir şekilde kaplanana kadar fırlatın.
ç) Ayrı bir kapta sos için gerekli malzemeleri birleştirin ve iyice birleşene kadar kuvvetlice çırpın.
d) Birkaç yemek kaşığı avokado yağını büyük bir tavada veya orta-yüksek ateşte ayarlanmış wok'ta ısıtın. Sıcakken tofu küplerini dikkatlice ekleyin ve her tarafı altın rengi ve çıtır olana kadar yaklaşık 5 dakika kızartın.
e) Sosu tavaya ekleyin ve azalıp koyulaşana kadar yaklaşık 3 dakika kaynamaya bırakın, ardından ocaktan alın.
f) Suşi kaselerini birleştirin: Pirinci (veya kullanmayı seçtiğiniz herhangi bir tahılı) oldukça büyük 2 kaseye bölün. Hazırlanan sebzeleri kasenin etrafına pirincin üzerine yerleştirin ve ardından General Tso'nun tofusunu tam ortasına kaşıklayın.
g) İstenirse susamla süsleyin ve gecikmeden servis yapın!

41. Domatesli Sashimili Poké Kasesi

İÇİNDEKİLER:

- 15 gr çıtır soğan
- 160g beyazlatılmış edamame fasulyesi
- 150 gr suşi pirinci
- 5 gr wasabi ezmesi
- 1 adet taze soğan
- 45g mayonezsiz
- 15ml pirinç sirkesi
- 15ml mirin
- 5 gr siyah susam
- 150 gr bahar yeşillikleri
- 125g mevsim turpu
- 3 domates
- 15 ml tamari soya sosu
- Tuz, şeker, bitkisel yağ

TALİMATLAR:

a) Fırını 220°C/200°C (fan)/Gaz 7'ye önceden ısıtın.
b) Suşi pirincini bir elek içinde soğuk akan su altında 30 saniye boyunca durulayın. Tamamen süzülmesi için bir kenara koyun.
c) Süzülmüş pirinci 200 ml soğuk su ve bir tutam tuzla birlikte kapaklı bir tencereye ekleyin. Hafifçe kaynatın, ardından çok hafif bir şekilde köpürene kadar ısıyı en aza indirin. Kapağı kapalı olarak 15 dakika pişirin.
ç) 15 dakika sonra tencereyi ocaktan alın ve servis yapmadan önce 10 dakika daha kapalı tutun; bu sizin yapışkan pirincinizdir.
d) Bir su ısıtıcısını kaynatın.
e) Domateslerin tabanına çok hafif bir çizik atın ve bunları büyük, ısıya dayanıklı bir kaseye ekleyin.
f) Domatesleri tamamen suya batıncaya kadar kaynamış suyla kaplayın ve daha sonraya kadar bir kenara koyun.
g) Turpları ince ince dilimleyin. Bunları pirinç sirkesinin yarısı ve bir tutam şekerle birlikte bir kaseye ekleyin. Turşu için bir kenara koyun; bunlar sizin çabuk turşu yaptığınız turplardır.
ğ) Taze soğanları kesin, ardından cop şeklinde doğrayın.

h) Her bir sopayı uzunlamasına 4 parçaya bölün; bu sizin rendelenmiş taze soğanınızdır.
ı) Bahar yeşilliklerinin yapraklarını koparın, sert sapları atın.
i) Yaprakları üst üste koyun, yuvarlayın ve ince ince doğrayın.
j) Doğranmış bahar yeşilliklerini geniş bir fırın tepsisine ekleyin. Bol miktarda tuz, 1 çay kaşığı şeker ve bol miktarda bitkisel yağ serpin.
k) Tepsiyi 8-10 dakika veya çıtır çıtır olana kadar fırına koyun; bu sizin çıtır 'deniz yosununuzdur'.
l) Islatılmış domateslerin suyunu süzün ve haçtan başlayarak kabuklarını soyun.
m) Domatesleri dörde bölüp çekirdeklerini çıkarın. Sonunda domates yaprakları olacak.
n) Domates yapraklarını kaseye koyun ve tamari soya sosu ile mirin ekleyin. Marine etmek için bir kenara koyun; bu sizin domates sashiminizdir.
o) Edamame fasulyelerini bir kaseye ekleyin ve mikrodalgada 1 dakika veya iyice ısınıp bir ısırıkla yumuşayana kadar pişirin.
ö) Mayoyu wasabi ezmesi ve küçük bir su sıçramasıyla bir kasede birleştirin - bu sizin wasabi mayonezinizdir.
p) Suşi pirinci bittiğinde, kalan pirinç sirkesini ve bir tutam şekeri karıştırın; bu, yapışkan suşi pirincinizdir.
r) Yapışkan suşi pirincini kaselerde servis edin ve üstüne domates sashimi, pişmiş edamame, çabuk turşu turp ve kıyılmış taze soğan ekleyin. Çıtır 'deniz yosununu' yan tarafa servis edin.
s) Kalan sosu sashimi üzerine gezdirin ve wasabi mayoyu edamame ve turpların üzerine gezdirin.
ş) Üzerine çıtır soğan ve siyah susam serpin.

42.Tahin Soslu Vegan Sushi Kasesi

İÇİNDEKİLER:

PİRİNÇ:
- 1 bardak Geleneksel Suşi pirinci
- 1 ½ su bardağı su (360 ml)
- ½ çay kaşığı tuz

SOYA PEYNİRİ:
- 1 Tarif çıtır tofu veya yarı çıtır nohut

SEBZELER (FAVORİLERİNİZİ KULLANIN):
- 1 salatalık, doğranmış
- 1 ½ su bardağı rendelenmiş mor lahana (135 gr)
- 6-8 turp, dilimlenmiş
- 3 sap yeşil soğan (isteğe bağlı)
- 1 toplu havuç lox veya 2 büyük jülyen doğranmış havuç
- 1 su bardağı edamame (155 gr)
- 1 avokado, doğranmış

TAHİN SOSU:
- ¼ bardak tahin veya fıstık ezmesi veya kaju ezmesi
- 1 diş sarımsak, kıyılmış
- 1 çay kaşığı taze zencefil, rendelenmiş (isteğe bağlı)
- 1 çay kaşığı miso ezmesi (isteğe bağlı)
- 1 yemek kaşığı akçaağaç şurubu
- 1 yemek kaşığı pirinç sirkesi
- 1 yemek kaşığı tamari veya soya sosu
- 1 çay kaşığı sriracha (isteğe bağlı, tadı)
- İstenilen kıvamda 2-4 yemek kaşığı su

Süslemek için (İSTEĞE BAĞLI):
- Susam taneleri
- taze limon veya limon
- jalapeno, dilimlenmiş
- taze otlar (örneğin kişniş veya Tay fesleğeni)

TALİMATLAR:

pirinç:
a) Pirinci ve suyu bir tencereye (veya pirinç ocağına) ekleyin ve kaynatın.
b) Isıyı en aza indirin, kapağını kapatın ve tüm su emilene kadar 15 dakika pişirin.
c) Ateşten alın ve kapağı kapalı olarak 10 dakika buharda bekletin.
ç) Tuzu ekleyin, çatalla kabartın ve bir kenara koyun.

Soya peyniri:
d) Bu arada çıtır tofuyu bu tarife göre hazırlayın. (Alternatif olarak çıtır nohutları da bu tarife göre hazırlayın).

Sebzeler:
e) Salatalığı doğrayın, lahanayı Mandolin ile parçalayın, turpları ve yeşil soğanları dilimleyin.
f) Elinizde havuç balığı yoksa sebze soyucu veya jülyen kullanarak 2 büyük havucu şeritler halinde kesin.
g) Edamame'i paketin üzerindeki talimatlara göre çözdürün ve avokadoyu küp küp doğrayın.

Tahin Sosu:
ğ) Tahin sosu için tüm malzemeleri blenderda pürüzsüz hale gelinceye kadar karıştırın.
h) İstediğiniz kıvamda su ekleyin. (Alternatif olarak suşi kasenizi fıstık sosuyla servis edin).

SUSHI KASE'Yİ BİRLEŞTİRİN:
ı) Pirinci 4 kaseye bölün.
i) Hazırlanan tüm sebzeleri ve çıtır tofuyu pirincin üzerine toplayın.
j) İsteğe göre avokado, susam, jalapeños ve otlar ekleyin.
k) Yanında tahin sosu ve limon veya misket limonu dilimleri ile servis yapın.

43.Deniz yosunu pirinç kasesi

İÇİNDEKİLER:

- 1 yumurta
- Gerektiği gibi ince dilimlenmiş nori
- Dashi, bir tutam
- ½ çay kaşığı Mirin
- ½ çay kaşığı Soya sosu
- MSG, bir tutam
- Furikake, gerektiği gibi
- 1 su bardağı pişmiş beyaz pirinç

TALİMATLAR:

a) Pirinci bir kaseye koyun ve ortasına sığ bir kepçe yapın.
b) Yumurtanın tamamını ortasına kırın.
c) Yarım çay kaşığı soya sosu, bir tutam tuz, bir tutam MSG, yarım çay kaşığı mirin ve bir tutam Dashi ile tatlandırın.
ç) Yumurtayı dahil etmek için yemek çubuklarıyla kuvvetlice karıştırın; soluk sarı, köpüklü ve yumuşak bir dokuya sahip olmalıdır.
d) Baharatları gerektiği gibi tadın ve ayarlayın.
e) Furikake ve nori serpin, üzerine küçük bir kepçe yapın ve diğer yumurta sarısını ekleyin.
f) Yemeğiniz servise hazır.

44.Tavada Kızartılmış Suşi Kasesi

İÇİNDEKİLER:

- 1½ bardak Suşi pirinci
- 4 büyük tereyağlı marul yaprağı
- ½ su bardağı kavrulmuş fıstık, iri kıyılmış
- 4 çay kaşığı kıyılmış yeşil soğan, sadece yeşil kısımları
- 4 büyük shiitake mantarı, sapları çıkarılmış ve ince dilimlenmiş
- Baharatlı Tofu Karışımı
- ½ havuç, spiral kesilmiş veya rendelenmiş

TALİMATLAR:

a) Suşi pirinci ve Baharatlı Tofu Karışımını hazırlayın.
b) Tereyağlı marul yapraklarını servis tepsisine dizin.
c) Hazırlanan Sushi pirincini, kavrulmuş fıstıkları, kıyılmış yeşil soğanları ve shiitake mantarı dilimlerini orta boy bir kapta karıştırın.
ç) Karışık pirinci marul "kaseleri" arasında bölün.
d) Pirinci yavaşça marul kasesine koyun.
e) Baharatlı Tofu Karışımını marul kaselerinin arasına paylaştırın.
f) Her birinin üstüne bir miktar havuç kıvrımı veya rendesi ekleyin.
g) Tavada kızartılan kaselere biraz Tatlandırılmış Soya Şurubu ile servis yapın.

45. Çıtır Kızarmış Tofu Suşi Kasesi

İÇİNDEKİLER:

- 4 bardak hazırlanmış Geleneksel Suşi pirinci
- 6 ons sert tofu, kalın dilimlenmiş
- 2 yemek kaşığı patates nişastası veya mısır nişastası
- 1 çay kaşığı suyla karıştırılmış 1 büyük yumurta akı
- ½ su bardağı ekmek kırıntısı
- 1 çay kaşığı koyu susam yağı
- 1 çay kaşığı yemeklik yağ
- ½ çay kaşığı tuz
- 4 kibrit çöpüne kesilmiş bir havuç
- ½ avokado, ince dilimler halinde kesilmiş
- 4 yemek kaşığı mısır taneleri, pişmiş
- 4 çay kaşığı kıyılmış yeşil soğan, sadece yeşil kısımları
- 1 nori, ince şeritler halinde kesilmiş

TALİMATLAR:
a) Suşi pirincini hazırlayın.
b) Dilimleri kağıt havlu veya temiz bulaşık havlusu katmanları arasına sıkıştırın ve üzerine ağır bir kase koyun.
c) Tofu dilimlerinin en az 10 dakika süzülmesine izin verin.
ç) Fırınınızı 375°F'ye ısıtın.
d) Süzülmüş tofu dilimlerini patates nişastasına bulayın.
e) Dilimleri yumurta akı karışımına koyun ve kaplayacak şekilde çevirin.
f) Panko, koyu susam yağı, tuz ve yemeklik yağı orta boy bir kapta karıştırın.
g) Panko karışımlarından bazılarını tofu dilimlerinin her birine hafifçe bastırın.
ğ) Dilimleri parşömen kağıdıyla kaplı bir fırın tepsisine koyun.
h) 10 dakika pişirin, ardından dilimleri ters çevirin.
ı) 10 dakika daha veya panko kaplaması gevrek ve altın rengi kahverengi olana kadar pişirin.
i) Dilimleri fırından çıkarın ve hafifçe soğumasını bekleyin.
j) 4 küçük servis kasesi toplayın. Her kaseye ¾ bardak Suşi pirinci eklemeden önce parmak uçlarınızı ıslatın.
k) Her kasedeki pirincin yüzeyini yavaşça düzleştirin. Panko tofu dilimlerini 4 kaseye bölün.
l) Her kaseye havuç kibrit çöplerinin ¼'ünü ekleyin.
m) Her kaseye avokado dilimlerinin ¼'ünü koyun. Her kasenin üzerine 1 yemek kaşığı mısır tanesini koyun.
n) Servis yapmak için, nori şeritlerinin ¼'ünü her kasenin üzerine serpin. Tatlandırılmış Soya Şurubu veya soya sosu ile servis yapın.

46.Ratatouille Suşi Kasesi

İÇİNDEKİLER:

- 2 su bardağı hazırlanmış Geleneksel Suşi pirinci
- 4 büyük domates, beyazlatılmış ve soyulmuş
- 1 yemek kaşığı kıyılmış yeşil soğan, sadece yeşil kısımları
- ½ küçük Japon patlıcanı, kavrulmuş ve küçük küpler halinde kesilmiş
- 4 yemek kaşığı kızarmış soğan
- 2 yemek kaşığı Susamlı Noodle Sosu

TALİMATLAR:

a) Suşi pirincini ve Susamlı Erişte Sosunu hazırlayın.
b) Suşi pirincini, yeşil soğanı, patlıcanı, kızarmış soğanı ve Susamlı Erişte Sosunu orta boy bir kaseye koyun ve iyice karıştırın.
c) Her domatesin üst kısımlarını kesin ve ortalarını çıkarın.
ç) Her bir domates kasesine ½ fincan karışık Suşi pirinci karışımını dökün.
d) Pirinci hafifçe düzleştirmek için kaşığın arkasını kullanın.
e) Domates kaselerini çatalla servis yapın.

47.Avokado Suşi Kasesi

İÇİNDEKİLER:

- 1½ bardak geleneksel Suşi pirinci hazırlandı
- ¼ küçük jicama, soyulmuş ve kibrit çöpü şeklinde kesilmiş
- ½ jalapeno biberi, çekirdekleri çıkarılmış ve iri doğranmış
- ½ limon suyu
- 4 yemek kaşığı Suşi pilavı Sosu
- ¼ avokado, soyulmuş, çekirdeği çıkarılmış ve ince dilimler halinde kesilmiş
- Süslemek için 2 dal taze kişniş

TALİMATLAR:

a) Suşi pirincini ve Suşi pirinci sosunu hazırlayın.
b) Jicama kibrit çöplerini, doğranmış jalapeño'yu, limon suyunu ve Suşi pirinci sosunu metal olmayan küçük bir kapta karıştırın. En az 10 dakika tatların karışmasını sağlayın.
c) Sıvıyı jicama karışımından boşaltın.
ç) Her kaseye ¾ bardak Suşi pirinci eklemeden önce parmak uçlarınızı ıslatın.
d) Pirincin yüzeyini yavaşça düzleştirin.
e) Marine edilmiş jicama'nın ½'sini her kasenin üstüne koyun.
f) Avokado dilimlerini 2 kaseye bölün ve her birini pirincin üzerine çekici bir desenle yerleştirin.
g) Servis yapmak için her kasenin üzerine taze kişniş sapı ve Ponzu Sosu ekleyin.

48. Yumurta, Peynir ve Yeşil Fasulye Suşi Kasesi

İÇİNDEKİLER:
- 1½ bardak geleneksel Suşi pirinci hazırlandı
- 10 yeşil fasulye, beyazlatılmış ve şeritler halinde kesilmiş
- 1 Japon omlet yaprağı, parçalara ayrılmış
- 4 yemek kaşığı keçi peyniri, ufalanmış
- 2 çay kaşığı kıyılmış yeşil soğan, sadece yeşil kısımları

TALİMATLAR:
a) Suşi pirincini ve Japon Omlet Sayfasını hazırlayın.
b) Her kaseye ¾ bardak Suşi pirinci eklemeden önce parmak uçlarınızı ıslatın.
c) Her kasedeki pirincin yüzeyini yavaşça düzleştirin.
ç) Yeşil fasulyeleri, omlet yumurta parçalarını ve keçi peynirini çekici bir desenle 2 kaseye bölün.
d) Servis yapmak için her kaseye 1 çay kaşığı yeşil soğan serpin.

49.Avokado ve Nohut Suşi Kasesi

İÇİNDEKİLER:

- 1 su bardağı pişmiş Geleneksel Suşi pirinci
- 1 kutu nohut, süzülmüş ve durulanmış
- 1 avokado, dilimlenmiş
- 1 salatalık, doğranmış
- 1 havuç, jülyen doğranmış
- 2 yemek kaşığı soya sosu
- 1 yemek kaşığı susam yağı
- 1 yemek kaşığı pirinç sirkesi
- Garnitür için susam tohumları
- Garnitür için Nori şeritleri

TALİMATLAR:

a) Bir kapta soya sosu, susam yağı ve pirinç sirkesini karıştırın.
b) Nohutları soya sosu karışımına atın ve en az 15 dakika marine etmelerini bekleyin.
c) Taban olarak Geleneksel Suşi pirincini içeren kaseleri birleştirin.
ç) Üstüne marine edilmiş nohut, dilimlenmiş avokado, doğranmış salatalık ve jülyen doğranmış havuç ekleyin.
d) Susam tohumları ve nori şeritleri ile süsleyin.

MEYVE SUŞİ KASELERİ

50.Şeftali Suşi Kasesi

İÇİNDEKİLER:
- 2 su bardağı hazırlanmış Geleneksel Suşi pirinci
- 1 büyük şeftali, çekirdekleri çıkarılmış ve 12 dilime kesilmiş
- ½ fincan Suşi pilavı Sosu
- ½ çay kaşığı sarımsaklı biber sosu
- Koyu susam yağı sıçraması
- 1 demet su teresi, kalın sapları çıkarılmış

OPSİYONEL TOPLAMLAR
- Avokado
- Somon
- Tuna

TALİMATLAR:
a) Suşi pirincini ve ekstra Suşi pirinci sosunu hazırlayın.
b) Şeftali dilimlerini orta boy bir kaseye koyun. Suşi pirinç sosunu, sarımsaklı biber sosunu ve koyu susam yağını ekleyin.
c) Şeftalileri üzerini kapatmadan önce marineye iyice atın.
ç) Şeftalilerin en az 30 dakika ve en fazla 1 saat boyunca marine içinde oda sıcaklığında soğumasını bekleyin.
d) Hazırladığınız Suşi pirincinin ½ fincanını her kaseye koymadan önce parmak uçlarınızı ıslatın.
e) Pirincin yüzeyini yavaşça düzleştirin.
f) Servis başına 3 şeftali dilimi olacak şekilde malzemeleri her kasenin üstüne çekici bir desenle eşit şekilde bölün.
g) Daldırma için çatal ve soya sosuyla servis yapın.

51.Portakallı Suşi Bardakları

İÇİNDEKİLER:

- 1 su bardağı hazırlanmış Geleneksel Suşi pirinci
- 2 adet çekirdeksiz göbekli portakal
- 2 çay kaşığı toplanmış erik ezmesi
- 2 çay kaşığı kavrulmuş susam
- 4 büyük shiso yaprağı veya fesleğen yaprağı
- 4 çay kaşığı kıyılmış yeşil soğan, sadece yeşil kısımları
- 4 taklit yengeç çubuğu, bacak stili
- 1 sayfa nori

TALİMATLAR:

a) Suşi pirincini hazırlayın.
b) Portakalları çapraz olarak ikiye bölün. Her yarımın altından küçük bir dilim çıkarın, böylece her biri kesme tahtası üzerinde düz durur. Her iki yarının iç kısımlarını çıkarmak için bir kaşık kullanın. Meyve sularını, posaları ve dilimleri Ponzu Sos gibi başka bir kullanım için ayırın.
c) Parmak uçlarınızı suya batırın ve her bir portakal kabının içine hazırlanan Suşi pirincinden yaklaşık 2 yemek kaşığı koyun.
ç) Pirincin üzerine ½ çay kaşığı erik salamurası sürün. Kaselerin her birine 2 yemek kaşığı pirinç katmanı daha ekleyin. Yarım çay kaşığı kavrulmuş susam tohumlarını pirincin üzerine serpin.
d) Her kasenin köşesine bir shiso yaprağı sıkıştırın. Her kasede shiso yapraklarının önüne 1 çay kaşığı yeşil soğan koyun. Taklit yengeç çubuklarını alın ve parçalamak için avuçlarınızın arasında ovalayın veya parçalara ayırmak için bir bıçak kullanın. Her kasenin üzerine bir çubuk değerinde yengeç koyun.
e) Servis yapmak için noriyi bir bıçakla kibrit çöpü parçalarına ayırın. Her kasenin üzerine Nori parçalarının bir kısmını koyun. Soya sosuyla servis yapın.

52.Tropikal Cennet Meyveli Suşi Kasesi

İÇİNDEKİLER:

- 1 bardak suşi pirinci, pişmiş
- 1 mango, dilimlenmiş
- 1 kivi, dilimlenmiş
- 1/2 bardak ananas, doğranmış
- 1/4 bardak kıyılmış hindistan cevizi
- 2 yemek kaşığı siyah susam
- Üzerine sürmek için bal

TALİMATLAR:

a) Pişmiş suşi pirincini bir kaseye koyun.
b) Mango, kivi ve ananas dilimlerini pirincin üzerine yerleştirin.
c) Meyvelerin üzerine rendelenmiş hindistan cevizi ve siyah susam serpin.
ç) Balı kasenin üzerine gezdirin.
d) Servis yapın ve tadını çıkarın!

53.Dut Mutluluk Meyve Suşi Kasesi

İÇİNDEKİLER:
- 1 bardak suşi pirinci, pişmiş
- 1 su bardağı karışık meyve (çilek, yaban mersini, ahududu)
- 1 muz, dilimlenmiş
- 1/4 bardak granola
- 2 yemek kaşığı chia tohumu
- Üzeri için Yunan yoğurdu

TALİMATLAR:
a) Pişmiş suşi pirincini bir kaseye yayın.
b) Karışık meyveleri, muz dilimlerini ve granolayı üstüne yerleştirin.
c) Chia tohumlarını kasenin üzerine serpin.
ç) Yanına veya üstüne bir parça Yunan yoğurdu ekleyin.
d) Derhal servis yapın.

54.Narenciye Lokum Meyve Suşi Kasesi

İÇİNDEKİLER:
- 1 bardak suşi pirinci, pişmiş
- 1 portakal, parçalanmış
- 1 greyfurt, parçalara ayrılmış
- 1/2 bardak nar taneleri
- Garnitür için nane yaprakları
- 2 yemek kaşığı antep fıstığı, doğranmış

TALİMATLAR:
a) Pişmiş suşi pirincini bir kaseye koyun.
b) Portakal ve greyfurt dilimlerini üstüne yerleştirin.
c) Meyvelerin üzerine nar tanelerini ve doğranmış antep fıstığını serpin.
ç) Taze nane yapraklarıyla süsleyin.
d) Narenciye iyiliğinin tadını çıkarın ve servis yapın.

55.Çikolatalı Muz Meyveli Suşi Kasesi

İÇİNDEKİLER:

- 1 bardak suşi pirinci, pişmiş
- 2 muz, dilimlenmiş
- 2 yemek kaşığı kakao tozu
- 2 yemek kaşığı akçaağaç şurubu
- 1/4 bardak çikolata parçaları
- Üzeri için badem

TALİMATLAR:

a) Pişmiş suşi pirincine kakao tozu ve akçaağaç şurubunu karıştırın.
b) Çikolata aromalı pirinci bir kaseye koyun.
c) Muz dilimlerini üstüne yerleştirin ve çikolata parçacıklarını serpin.
ç) Çıtır bir doku için doğranmış badem ekleyin.
d) Çikolatalı muzlu lokumu servis edin ve tadını çıkarın.

56.Elma Tarçınlı Rulo Meyve Suşi Kasesi

İÇİNDEKİLER:

- 1 bardak suşi pirinci, pişmiş
- 1 elma, ince dilimlenmiş
- 2 yemek kaşığı tarçın şekeri
- 1/4 su bardağı kuru üzüm
- 1/4 su bardağı kıyılmış ceviz
- Üzeri için Yunan yoğurdu

TALİMATLAR:

a) Pişmiş suşi pirincini bir kaseye yayın.
b) Üzerine elma dilimlerini dizin.
c) Kasenin üzerine tarçın şekeri, kuru üzüm ve kıyılmış ceviz serpin.
ç) Kremsi bir görünüm için bir parça Yunan yoğurdu ekleyin.
d) Elma tarçın iyiliğinin tadını çıkarın!

57. Kivi Çilek Nane Meyve Suşi Kasesi

İÇİNDEKİLER:
- 1 bardak suşi pirinci, pişmiş
- 2 kivi, dilimlenmiş
- 1 bardak çilek, dilimlenmiş
- Taze nane yaprakları
- 2 yemek kaşığı bal
- 1/4 bardak dilimlenmiş badem

TALİMATLAR:
a) Pişmiş suşi pirincini bir kaseye koyun.
b) Üzerine kivi ve çilek dilimlerini dizin.
c) Taze nane yapraklarıyla süsleyin.
ç) Balı kasenin üzerine gezdirin.
d) Daha fazla çıtırlık için dilimlenmiş badem serpin.
e) Serinletici lezzetleri servis edin ve tadını çıkarın.

58. Pina Colada Meyveli Suşi Kasesi

İÇİNDEKİLER:

- 1 bardak suşi pirinci, pişmiş
- 1 bardak ananas parçaları
- 1/2 bardak hindistan cevizi gevreği
- 1/4 bardak kıyılmış macadamia fıstığı
- Üzeri için Hindistan cevizli yoğurt
- Üzerine serpmek için ananas suyu

TALİMATLAR:

a) Pişmiş suşi pirincini bir kaseye yayın.
b) Üzerine ananas parçalarını dizin.
c) Hindistan cevizi pullarını ve kıyılmış macadamia fındıklarını serpin.
ç) Yanına bir kaşık hindistan cevizi yoğurdu ekleyin.
d) Ananas suyunu kasenin üzerine gezdirin.
e) Tropikal lezzetlere dalın!

59.Mango Avokado Mutluluk Meyve Suşi Kasesi

İÇİNDEKİLER:
- 1 bardak suşi pirinci, pişmiş
- 1 mango, doğranmış
- 1 avokado, dilimlenmiş
- 1/4 bardak kırmızı soğan, ince doğranmış
- 2 yemek kaşığı kişniş, doğranmış
- Servis için limon dilimleri

TALİMATLAR:
a) Pişmiş suşi pirincini bir kaseye koyun.
b) Mango ve avokado parçalarını üstüne yerleştirin.
c) Doğranmış kırmızı soğanı ve kişnişi serpin.
ç) Ekstra bir lezzet patlaması için limon dilimleri ile servis yapın.
d) Mango ve avokadonun birleşiminin tadını çıkarın!

DANA SUSHI KASELERİ

60.Teriyaki Sığır Suşi Kasesi

İÇİNDEKİLER:

- 1 lb sığır filetosu veya yan biftek, ince dilimlenmiş
- 1/4 bardak soya sosu
- 2 yemek kaşığı mirin
- 1 yemek kaşığı bal
- 1 yemek kaşığı susam yağı
- 1 çay kaşığı rendelenmiş zencefil
- 1 diş sarımsak, kıyılmış
- 2 su bardağı pişmiş Geleneksel Suşi pirinci
- Süslemek için dilimlenmiş yeşil soğan ve susam

TALİMATLAR:

a) Bir kapta soya sosu, mirin, bal, susam yağı, rendelenmiş zencefil ve kıyılmış sarımsağı karıştırarak marineyi hazırlayın.
b) İnce dilimlenmiş sığır etini marineye atın ve en az 30 dakika buzdolabında saklayın.
c) Marine edilmiş etleri sıcak tavada dilediğiniz kıvama gelinceye kadar kızartın.
ç) Taban olarak Geleneksel Suşi pirincini içeren kaseleri birleştirin.
d) Üzerine teriyaki bifteği, dilimlenmiş yeşil soğan ve susam ekleyin. Servis yapın ve tadını çıkarın!

61.Kore Bulgogi Sığır Suşi Kasesi

İÇİNDEKİLER:

- 1 lb. dana antrikot, ince dilimlenmiş
- 1/4 bardak soya sosu
- 2 yemek kaşığı esmer şeker
- 1 yemek kaşığı susam yağı
- 1 yemek kaşığı mirin
- 2 yeşil soğan, dilimlenmiş
- 1 havuç, jülyen doğranmış
- 2 su bardağı pişmiş Geleneksel Suşi pirinci
- Garnitür için kimchi

TALİMATLAR:

a) Turşuyu oluşturmak için soya sosu, esmer şeker, susam yağı ve mirin'i karıştırın.
b) İnce dilimlenmiş etleri en az 1 saat bu karışımda marine edin.
c) Marine edilmiş sığır etini sıcak tavada karamelize olana ve iyice pişene kadar pişirin.
ç) Temel olarak Geleneksel Suşi pirinci içeren kaseler oluşturun.
d) Üstüne bulgogi bifteği, dilimlenmiş yeşil soğan, jülyen doğranmış havuç ve kimchi ekleyin.

62.Tay Fesleğen Sığır Suşi Kasesi

İÇİNDEKİLER:
- 1 lb sığır filetosu, ince dilimlenmiş
- 1/4 bardak soya sosu
- 2 yemek kaşığı istiridye sosu
- 1 yemek kaşığı balık sosu
- 1 yemek kaşığı esmer şeker
- 1 su bardağı taze fesleğen yaprağı
- 1 kırmızı dolmalık biber, dilimlenmiş
- 2 su bardağı pişmiş Geleneksel Suşi pirinci
- Süslemek için dövülmüş fıstık

TALİMATLAR:

a) Marine etmek için soya sosu, istiridye sosu, balık sosu ve esmer şekeri birleştirin.

b) İnce dilimlenmiş sığır etini karışımda en az 30 dakika marine edin.

c) Marine edilmiş sığır etini sıcak bir tavada kızarana ve iyice pişene kadar pişirin.

ç) Taban olarak Geleneksel Suşi pirincini içeren kaseleri birleştirin.

d) Üzerine Tay fesleğenli sığır eti, dilimlenmiş kırmızı dolmalık biber ve taze fesleğen yaprakları ekleyin. Ezilmiş fıstıklarla süsleyin.

63. Baharatlı Sriracha Sığır Suşi Kasesi

İÇİNDEKİLER:
- 1 lb sığır filetosu, ince dilimlenmiş
- 1/4 bardak soya sosu
- 2 yemek kaşığı sriracha sosu
- 1 yemek kaşığı bal
- 1 yemek kaşığı limon suyu
- 1 su bardağı kıyılmış lahana
- 1 mango, doğranmış
- 2 su bardağı pişmiş Geleneksel Suşi pirinci
- Garnitür için doğranmış kişniş

TALİMATLAR:
a) Turşuyu oluşturmak için soya sosu, sriracha sosu, bal ve limon suyunu karıştırın.
b) İnce dilimlenmiş sığır etini karışımda en az 30 dakika marine edin.
c) Marine edilmiş sığır etini sıcak bir tavada kızarana ve iyice pişene kadar pişirin.
ç) Taban olarak Geleneksel Suşi pirincini içeren kaseleri birleştirin.
d) Üstüne baharatlı sriracha bifteği, rendelenmiş lahana ve doğranmış mango ekleyin. Kıyılmış kişniş ile süsleyin.

64.Sarımsak-Kireç Etekli Biftek Suşi Kasesi

İÇİNDEKİLER:
- 1 lb etek biftek, ince dilimlenmiş
- 1/4 bardak soya sosu
- 2 yemek kaşığı zeytinyağı
- 3 diş sarımsak, kıyılmış
- 1 limonun kabuğu rendesi ve suyu
- 1 kırmızı soğan, ince dilimlenmiş
- 1 su bardağı kiraz domates, ikiye bölünmüş
- 2 su bardağı pişmiş Geleneksel Suşi pirinci
- Garnitür için taze maydanoz

TALİMATLAR:

a) Bir kapta soya sosu, zeytinyağı, kıyılmış sarımsak, limon kabuğu rendesi ve limon suyunu birleştirerek marineyi hazırlayın.

b) İnce dilimlenmiş et bifteğini karışımda en az 30 dakika marine edin.

c) Marine edilmiş bifteği sıcak tavada istediğiniz kıvama gelinceye kadar pişirin.

ç) Taban olarak Geleneksel Suşi pirincini içeren kaseleri birleştirin.

d) Üzerine sarımsaklı limonlu biftek, dilimlenmiş kırmızı soğan ve kiraz domates ekleyin. Taze maydanozla süsleyin.

65.Kişniş-Kireç Sığır Suşi Kasesi

İÇİNDEKİLER:
- 1 lb sığır filetosu, ince dilimlenmiş
- 1/4 bardak soya sosu
- 2 yemek kaşığı limon suyu
- 1 yemek kaşığı balık sosu
- 2 çay kaşığı bal
- 1 bardak jicama, jülyen doğranmış
- 1 kırmızı dolmalık biber, ince dilimlenmiş
- 2 su bardağı pişmiş Geleneksel Suşi pirinci
- Süslemek için dövülmüş fıstık

TALİMATLAR:
a) Turşuyu oluşturmak için soya sosu, limon suyu, balık sosu ve balı karıştırın.
b) İnce dilimlenmiş sığır etini karışımda en az 30 dakika marine edin.
c) Marine edilmiş sığır etini sıcak bir tavada kızarana ve iyice pişene kadar pişirin.
ç) Temel olarak Geleneksel Suşi pirinci içeren kaseler oluşturun.
d) Üzerine kişnişli limonlu sığır eti, jülyen doğranmış jicama, dilimlenmiş kırmızı dolmalık biber ve ezilmiş fıstık ekleyin.

66.Dumanlı Chipotle Sığır Suşi Kasesi

İÇİNDEKİLER:
- 1 lb. dana bonfile, ince dilimlenmiş
- 1/4 bardak soya sosu
- 2 yemek kaşığı adobo sosu (konserve chipotle biberinden)
- 1 yemek kaşığı bal
- 1 çay kaşığı füme kırmızı biber
- 1 avokado, dilimlenmiş
- 1 bardak siyah fasulye, süzülmüş ve durulanmış
- 2 su bardağı pişmiş Geleneksel Suşi pirinci
- Garnitür için dilimlenmiş yeşil soğan

TALİMATLAR:
a) Turşuyu oluşturmak için soya sosu, adobo sosu, bal ve füme kırmızı biberi birlikte çırpın.
b) İnce dilimlenmiş sığır etini karışımda en az 30 dakika marine edin.
c) Marine edilmiş sığır etini sıcak bir tavada kızarana ve iyice pişene kadar pişirin.
ç) Taban olarak Geleneksel Suşi pirincini içeren kaseleri birleştirin.
d) Üzerine dumanlı chipotle sığır eti, dilimlenmiş avokado, siyah fasulye ve dilimlenmiş yeşil soğan ekleyin.

67. Hoisin-Zencefilli Sığır Suşi Kasesi

İÇİNDEKİLER:

- 1 lb sığır filetosu, ince dilimlenmiş
- 1/4 bardak kuru üzüm sosu
- 2 yemek kaşığı soya sosu
- 1 yemek kaşığı pirinç sirkesi
- 1 yemek kaşığı rendelenmiş zencefil
- 1 bardak kar bezelye, dilimlenmiş
- 1 havuç, jülyen doğranmış
- 2 su bardağı pişmiş Geleneksel Suşi pirinci
- Garnitür için susam tohumları

TALİMATLAR:

a) Turşuyu oluşturmak için kuru üzüm sosunu, soya sosunu, pirinç sirkesini ve rendelenmiş zencefili birleştirin.
b) İnce dilimlenmiş sığır etini karışımda en az 30 dakika marine edin.
c) Marine edilmiş sığır etini sıcak bir tavada kızarana ve iyice pişene kadar pişirin.
ç) Temel olarak Geleneksel Suşi pirinci içeren kaseler oluşturun.
d) Üzerine kuru üzümlü zencefilli sığır eti, dilimlenmiş kar bezelyesi, jülyen doğranmış havuç ekleyin ve susam serpin.

68.Biftek ve Avokado Suşi Kasesi

İÇİNDEKİLER:
- 1 bardak suşi pirinci, pişmiş
- 1 su bardağı ızgara biftek, dilimlenmiş
- 1 avokado, dilimlenmiş
- 1/4 bardak kiraz domates, yarıya bölünmüş
- 1/4 bardak kırmızı soğan, ince dilimlenmiş
- Çiseleme için balzamik sır
- Garnitür için taze fesleğen yaprakları

TALİMATLAR:
a) Pişmiş suşi pirincini bir kaseye yayın.
b) Üzerine dilimlenmiş ızgara bifteği yerleştirin.
c) Dilimlenmiş avokado, ikiye bölünmüş kiraz domates ve ince dilimlenmiş kırmızı soğanı ekleyin.
ç) Balzamik sırını kasenin üzerine gezdirin.
d) Taze fesleğen yapraklarıyla süsleyin.
e) Biftek ve avokado lezzetini servis edin ve tadını çıkarın!

69.Susamlı Zencefilli Sığır Suşi Kasesi

İÇİNDEKİLER:
- 1 bardak suşi pirinci, pişmiş
- 1 bardak susam zencefille marine edilmiş sığır eti, pişmiş
- 1/2 bardak bezelye, beyazlatılmış
- 1/4 bardak rendelenmiş havuç
- 1/4 bardak kırmızı lahana, ince dilimlenmiş
- Üzerine serpmek için zencefilli soya sosu
- Garnitür için yeşil soğan

TALİMATLAR:
a) Pişmiş suşi pirincini bir kaseye yayın.
b) Üzerine pişmiş susamlı zencefilli eti yerleştirin.
c) Beyazlatılmış bezelye, rendelenmiş havuç ve ince dilimlenmiş kırmızı lahanayı ekleyin.
ç) Zencefil soya sosunu kasenin üzerine gezdirin.
d) Doğranmış yeşil soğanlarla süsleyin.
e) Lezzetli susamlı zencefilli sığır eti suşi kasesini servis edin ve tadını çıkarın!

70.Çıtır Dana Tempura Suşi Kasesi

İÇİNDEKİLER:
- 1 bardak suşi pirinci, pişmiş
- 1 bardak sığır eti tempura, dilimlenmiş
- 1/2 bardak avokado, dilimlenmiş
- 1/4 bardak turşusu zencefil
- 1/4 bardak rendelenmiş nori (deniz yosunu)
- Çiseleme için Tempura daldırma sosu

TALİMATLAR:
a) Pişmiş suşi pirincini bir kaseye yayın.
b) Üzerine dilimlenmiş dana tempurayı yerleştirin.
c) Dilimlenmiş avokado ve turşu zencefili ekleyin.
ç) Kıyılmış noriyi kasenin üzerine serpin.
d) Tempura daldırma sosunu gezdirin.
e) Çıtır çıtır dana tempura suşi kasesini servis edin ve tadını çıkarın!

71.Meksika Sığır Fajita Suşi Kasesi

İÇİNDEKİLER:
- 1 bardak suşi pirinci, pişmiş
- 1 bardak dana fajita şeritleri, ızgara
- 1/2 bardak siyah fasulye, süzülmüş ve durulanmış
- 1/4 su bardağı mısır taneleri, ızgara
- 1/4 bardak kiraz domates, dörde bölünmüş
- Üzeri için salsa ve ekşi krema
- Garnitür için taze kişniş

TALİMATLAR:
a) Pişmiş suşi pirincini bir kaseye yayın.
b) Üzerine ızgara dana fajita şeritlerini yerleştirin.
c) Siyah fasulyeyi, ızgara mısırı ve dörde bölünmüş kiraz domatesleri ekleyin.
ç) Üstüne salsa ve ekşi krema ekleyin.
d) Taze kişniş ile süsleyin.
e) Meksika esintili sığır fajita suşi kasesini servis edin ve tadını çıkarın!

72.Philly Peynirsteak Suşi Kasesi

İÇİNDEKİLER:

- 1 bardak suşi pirinci, pişmiş
- 1 su bardağı ince dilimlenmiş dana biftek, pişmiş
- 1/2 bardak biber, ince dilimlenmiş
- 1/4 bardak karamelize soğan
- 1/4 bardak provolon veya eritilmiş peynir
- Üzerine serpmek için Hoagie sosu
- Garnitür için taze maydanoz

TALİMATLAR:

a) Pişmiş suşi pirincini bir kaseye yayın.
b) Üzerine pişmiş dana bifteği yerleştirin.
c) İnce dilimlenmiş biberleri ve karamelize soğanı ekleyin.
ç) Hoagie sosunu kasenin üzerine gezdirin.
d) Üzerine eritilmiş peynir serpin.
e) Taze maydanozla süsleyin.
f) Philly Peynirsteak'in lezzetlerini suşi kasesi formunda servis edin ve tadını çıkarın!

73.Sığır eti ve Mango Tango Suşi Kasesi

İÇİNDEKİLER:

- 1 bardak suşi pirinci, pişmiş
- 1 bardak sığır filetosu şeritleri, ızgara
- 1/2 bardak mango, doğranmış
- 1/4 bardak kırmızı soğan, ince doğranmış
- 1/4 bardak kişniş, doğranmış
- Üzerine serpmek için mango sosu
- Süslemek için dövülmüş fıstık

TALİMATLAR:

a) Pişmiş suşi pirincini bir kaseye yayın.
b) Üzerine ızgara dana bonfile şeritlerini yerleştirin.
c) Doğranmış mangoyu, ince doğranmış kırmızı soğanı ve doğranmış kişnişi ekleyin.
ç) Kasenin üzerine mango sosunu gezdirin.
d) Ezilmiş fıstıklarla süsleyin.
e) Tatlı ve tuzlu Sığır ve Mango Tango Suşi Kasesini servis edin ve tadını çıkarın!

74.Satay Sığır Suşi Kasesi

İÇİNDEKİLER:
- 1 bardak suşi pirinci, pişmiş
- 1 bardak sığır eti şeritleri, marine edilmiş ve satay sosunda ızgaralanmış
- 1/2 bardak salatalık, dilimlenmiş
- 1/4 bardak rendelenmiş havuç
- 1/4 su bardağı fıstık, doğranmış
- Üzerine serpmek için Satay sosu
- Süslemek için taze nane yaprakları

TALİMATLAR:
a) Pişmiş suşi pirincini bir kaseye yayın.
b) Üzerine ızgara satay sığır eti şeritlerini yerleştirin.
c) Dilimlenmiş salatalık, rendelenmiş havuç ve kıyılmış fıstık ekleyin.
ç) Kasenin üzerine satay sosunu gezdirin.
d) Taze nane yapraklarıyla süsleyin.
e) Lezzetli Satay Sığır Suşi Kasesini servis edin ve tadını çıkarın!

DOMUZ ETİ SUŞİ KASELERİ

75.Jambonlu ve Şeftalili Suşi Kasesi

İÇİNDEKİLER:

- 2 su bardağı hazırlanmış Geleneksel Suşi pirinci
- 1 büyük şeftali, çekirdekleri çıkarılmış ve 12 dilime kesilmiş
- ½ fincan Suşi pilavı Sosu
- ½ çay kaşığı sarımsaklı biber sosu
- Koyu susam yağı sıçraması
- 4 ons prosciutto, ince şeritler halinde kesilmiş
- 1 demet su teresi, kalın sapları çıkarılmış

TALİMATLAR:

a) Suşi pirincini ve ekstra Suşi pirinci sosunu hazırlayın.

b) Şeftali dilimlerini orta boy bir kaseye yerleştirin. Suşi pirinç sosunu, sarımsaklı biber sosunu ve koyu susam yağını ekleyin. Kaplamadan önce şeftalileri turşunun içine iyice atın. Şeftalilerin en az 30 dakika ve en fazla 1 saat boyunca marine içinde oda sıcaklığında soğumasını bekleyin.

c) 4 küçük servis kasesi toplayın. Hazırladığınız Suşi pirincinin ½ fincanını (100 g) her kaseye koymadan önce parmak uçlarınızı ıslatın. Pirincin yüzeyini yavaşça düzleştirin. Servis başına 3 şeftali dilimi olacak şekilde malzemeleri her kasenin üstüne çekici bir desenle eşit şekilde bölün. (Kaseleri doldurmadan önce şeftalilerdeki sıvının çoğunu boşaltabilirsiniz, ancak onları kurutmayın.)

ç) İstenirse daldırma için çatal ve soya sosu ile servis yapın.

76.Mangalda Kısa Kaburga Suşi Kasesi

İÇİNDEKİLER:

- 2 bardak (400 g) Geleneksel Suşi pirinci, Hızlı ve kolay Mikrodalga Suşi pirinci veya kahverengi Suşi pirinci
- 1 lb (500 gr) kemiksiz domuz kaburga
- 2 yemek kaşığı ham şeker veya açık kahverengi şeker
- 1 yemek kaşığı pirinç sirkesi
- 2 yemek kaşığı yemeklik yağ
- 2 çay kaşığı soya sosu
- ½ çay kaşığı kıyılmış sarımsak
- 2 yemek kaşığı kıyılmış kristalize zencefil
- ½ avokado, soyulmuş, çekirdeği çıkarılmış ve ince dilimler halinde kesilmiş
- ¼ İngiliz salatalığı (Japon salatalığı), çekirdekleri çıkarılmış ve kibrit çöpü şeklinde kesilmiş
- ¼ bardak (60 g) kurutulmuş mango, ince şeritler halinde kesilmiş

TALİMATLAR:

a) Suşi pirincini hazırlayın.
b) Kısa kaburgaları şekerle ovalayın. Orta boy bir kapta pirinç sirkesini, yemeklik yağı, soya sosunu ve kıyılmış sarımsağı karıştırın. Kaburgaları kaseye yerleştirin ve kaplamak için birkaç kez çevirin. Bunları örtün ve 30 dakika boyunca marine etmelerine izin verin.
c) Broilerinizi 260°C'ye (500°F) ısıtın. Kısa kaburgaları bir piliç tavasına veya tabak tepsisine yerleştirin. Her iki tarafta yaklaşık 5 dakika kızartın. Kısa kaburgaları tepsiden çıkarın ve soğumaya bırakın. Kısa kaburgaları ½ inç (1,25 cm) parçalar halinde kesin. (Kısa kaburgaların kemikleri varsa, eti kemiklerden çıkarmak isteyeceksiniz.)
ç) 4 küçük servis kasesi toplayın. Her kaseye ½ bardak (100 g) Suşi pirinci koymadan önce parmak uçlarınızı ıslatın. Pirincin yüzeyini yavaşça düzleştirin. Kıyılmış kristalize zencefilin ½ çorba kaşığını pirincin üzerine serpin. Kısa kaburgaları 4 kaseye bölün.
d) Avokado dilimlerinin, salatalık kibrit çöplerinin ve mango şeritlerinin ¼'ünü pirinç kasesinin üzerine çekici bir desenle yerleştirin.
e) İstenirse Tatlandırılmış Soya Şurubu ile servis yapın.

77.Teriyaki Domuz Suşi Kasesi

İÇİNDEKİLER:

- 1 lb domuz bonfile, ince dilimlenmiş
- 1/4 bardak soya sosu
- 2 yemek kaşığı mirin
- 1 yemek kaşığı bal
- 1 yemek kaşığı susam yağı
- 1 çay kaşığı rendelenmiş sarımsak
- 1 salatalık, ince dilimlenmiş
- 1 bardak ananas parçaları
- 2 su bardağı pişmiş suşi pirinci
- Garnitür için yeşil soğan

TALİMATLAR:

a) Turşuyu oluşturmak için soya sosu, mirin, bal, susam yağı ve rendelenmiş sarımsağı karıştırın.

b) İnce dilimlenmiş domuz etini karışımda en az 30 dakika marine edin.

c) Marine edilmiş domuz etini sıcak bir tavada kızarana ve pişene kadar pişirin.

ç) Tabanı suşi pirinci olan kaseleri birleştirin.

d) Üzerine teriyaki domuz eti, dilimlenmiş salatalık, ananas parçaları ekleyin ve yeşil soğanla süsleyin.

78.Baharatlı Sriracha Domuz Suşi Kasesi

İÇİNDEKİLER:

- 1 lb domuz omuzu, ince dilimlenmiş
- 1/4 bardak soya sosu
- 2 yemek kaşığı sriracha sosu
- 1 yemek kaşığı bal
- 1 yemek kaşığı limon suyu
- 1 su bardağı kırmızı lahana, kıyılmış
- 1 mango, doğranmış
- 2 su bardağı pişmiş Geleneksel Suşi pirinci
- Garnitür için doğranmış kişniş

TALİMATLAR:

a) Turşuyu oluşturmak için soya sosu, sriracha sosu, bal ve limon suyunu birleştirin.

b) İnce dilimlenmiş domuz etini karışımda en az 30 dakika marine edin.

c) Marine edilmiş domuz etini sıcak bir tavada kızarana ve pişene kadar pişirin.

ç) Temel olarak Geleneksel Suşi pirinci içeren kaseler oluşturun.

d) Üstüne baharatlı sriracha domuz eti, kıyılmış kırmızı lahana, doğranmış mango ekleyin ve doğranmış kişnişle süsleyin.

79.Ananaslı Zencefilli Domuz Suşi Kasesi

İÇİNDEKİLER:

- 1 lb domuz filetosu, ince dilimlenmiş
- 1/4 bardak soya sosu
- 2 yemek kaşığı ananas suyu
- 1 yemek kaşığı rendelenmiş zencefil
- 1 yemek kaşığı esmer şeker
- 1 bardak edamame, buğulanmış
- 1 kırmızı dolmalık biber, ince dilimlenmiş
- 2 su bardağı pişmiş Geleneksel Suşi pirinci
- Garnitür için susam tohumları

TALİMATLAR:

a) Marine sosunu oluşturmak için soya sosu, ananas suyu, rendelenmiş zencefil ve esmer şekeri birlikte çırpın.

b) İnce dilimlenmiş domuz etini karışımda en az 30 dakika marine edin.

c) Marine edilmiş domuz etini sıcak bir tavada kızarana ve pişene kadar pişirin.

ç) Taban olarak Geleneksel Suşi pirincini içeren kaseleri birleştirin.

d) Üzerine ananaslı zencefilli domuz eti, buharda pişirilmiş edamame, dilimlenmiş kırmızı dolmalık biber ekleyin ve susam serpin.

80.Kore Barbekü Domuz Suşi Kasesi

İÇİNDEKİLER:

- 1 lb domuz eti, ince dilimlenmiş
- 1/4 bardak soya sosu
- 2 yemek kaşığı gochujang (Kore kırmızı biber salçası)
- 1 yemek kaşığı susam yağı
- 1 yemek kaşığı esmer şeker
- 1 bardak kimçi
- 1 salatalık, dilimlenmiş
- 2 su bardağı pişmiş suşi pirinci
- Garnitür için susam tohumları

TALİMATLAR:

a) Marine sosunu oluşturmak için soya sosu, gochujang, susam yağı ve esmer şekeri birlikte çırpın.

b) İnce dilimlenmiş domuz etini karışımda en az 30 dakika marine edin.

c) Marine edilmiş domuz etini sıcak bir tavada kızarana ve pişene kadar pişirin.

ç) Tabanı suşi pirinci olan kaseleri birleştirin.

d) Üzerine Kore Barbeküsü domuz eti, kimchi, dilimlenmiş salatalık ekleyin ve üzerine susam serpin.

81.Tay Fesleğen Domuz Suşi Kasesi

İÇİNDEKİLER:
- 1 lb. öğütülmüş domuz eti
- 1/4 bardak soya sosu
- 2 yemek kaşığı istiridye sosu
- 1 yemek kaşığı balık sosu
- 1 yemek kaşığı esmer şeker
- 1 su bardağı taze fesleğen yaprağı
- 1 dolmalık biber, ince dilimlenmiş
- 2 su bardağı pişmiş Geleneksel Suşi pirinci
- Süslemek için ezilmiş kırmızı biber gevreği

TALİMATLAR:
a) Bir kapta soya sosunu, istiridye sosunu, balık sosunu ve esmer şekeri karıştırarak marineyi hazırlayın.

b) Kıyılmış domuz etini tavada kızarana kadar pişirin, ardından turşuyu ekleyin ve sos koyulaşana kadar pişirin.

c) Taban olarak Geleneksel Suşi pirincini içeren kaseleri birleştirin.

ç) Üzerine Tay fesleğenli domuz eti, dilimlenmiş dolmalık biber ekleyin ve ezilmiş kırmızı biber pullarıyla süsleyin.

82.Barbekü Çekilmiş Domuz Suşi Kasesi

İÇİNDEKİLER:

- 1 lb çekilmiş domuz eti
- 1/4 bardak Barbekü sosu
- 2 yemek kaşığı elma sirkesi
- 1 yemek kaşığı bal
- 1 bardak lahana salatası karışımı
- 1/2 kırmızı soğan, ince dilimlenmiş
- 2 su bardağı pişmiş Geleneksel Suşi pirinci
- Garnitür için doğranmış yeşil soğan

TALİMATLAR:

a) Bir kapta çekilmiş domuz etini barbekü sosu, elma sirkesi ve balla karıştırın.
b) Taban olarak Geleneksel Suşi pirincini içeren kaseleri birleştirin.
c) Üzerine barbeküde çekilmiş domuz eti, lahana salatası karışımı ve dilimlenmiş kırmızı soğan ekleyin.
ç) Doğranmış yeşil soğanlarla süsleyin ve barbeküden ilham alan bu suşi kasesinin tadını çıkarın!

83.Elma Şarabı Sırlı Domuz Suşi Kasesi

İÇİNDEKİLER:

- 1 lb domuz bonfile, ince dilimlenmiş
- 1/4 bardak elma şarabı
- 2 yemek kaşığı soya sosu
- 1 yemek kaşığı Dijon hardalı
- 1 yemek kaşığı akçaağaç şurubu
- 1 elma, ince dilimlenmiş
- 1 su bardağı kırmızı lahana, kıyılmış
- 2 su bardağı pişmiş Geleneksel Suşi pirinci
- Süslemek için kıyılmış maydanoz

TALİMATLAR:

a) Sır oluşturmak için elma şarabı, soya sosu, Dijon hardalı ve akçaağaç şurubunu birlikte çırpın.

b) İnce dilimlenmiş domuz bonfilesini en az 30 dakika sosta marine edin.

c) Marine edilmiş domuz etini sıcak bir tavada kızarana ve pişene kadar pişirin.

ç) Taban olarak Geleneksel Suşi pirincini içeren kaseleri birleştirin.

d) Üzerine elma şarabı soslu domuz eti, dilimlenmiş elma, kıyılmış kırmızı lahana ekleyin ve kıyılmış maydanozla süsleyin.

84.Ballı Hardallı Domuz Suşi Kasesi

İÇİNDEKİLER:
- 1 lb domuz filetosu, ince dilimlenmiş
- 1/4 bardak Dijon hardalı
- 2 yemek kaşığı bal
- 1 yemek kaşığı soya sosu
- 1 yemek kaşığı zeytinyağı
- 1 su bardağı dilimlenmiş bezelye
- 1 dolmalık biber, doğranmış
- 2 su bardağı pişmiş Geleneksel Suşi pirinci
- Süslemek için dövülmüş fıstık

TALİMATLAR:
a) Bir kapta Dijon hardalı, bal, soya sosu ve zeytinyağını karıştırarak marinatı hazırlayın.
b) İnce dilimlenmiş domuz filetosunu karışımda en az 30 dakika marine edin.
c) Marine edilmiş domuz etini sıcak bir tavada kızarana ve pişene kadar pişirin.
ç) Temel olarak Geleneksel Suşi pirinci içeren kaseler oluşturun.
d) Üzerine ballı hardallı domuz eti, dilimlenmiş bezelye, doğranmış dolmalık biber ekleyin ve ezilmiş fıstıkla süsleyin.

85.Baharatlı Domuz Rulo Suşi Kasesi

İÇİNDEKİLER:

- 1 bardak suşi pirinci, pişmiş
- 1 bardak baharatlı domuz sosisi, ufalanmış ve pişirilmiş
- 1/2 bardak kimchi, doğranmış
- 1/4 bardak salatalık, doğranmış
- 1/4 bardak avokado, dilimlenmiş
- Çiseleyen yağmurlama için Sriracha mayonezi
- Garnitür için Nori şeritleri

TALİMATLAR:

a) Pişmiş suşi pirincini bir kaseye yayın.
b) Ufalanmış ve pişmiş baharatlı domuz sosisini üstüne yerleştirin.
c) Kıyılmış kimchi, doğranmış salatalık ve dilimlenmiş avokadoyu ekleyin.
ç) Kasenin üzerinde Sriracha mayonezini gezdirin.
d) Nori şeritleriyle süsleyin.
e) Baharatlı domuz eti rulo lezzetlerini servis edin ve tadını çıkarın!

86.Domuz Göbeği Bibimbap Suşi Kasesi

İÇİNDEKİLER:
- 1 bardak suşi pirinci, pişmiş
- 1 su bardağı domuz yağı dilimleri, ızgara veya kavrulmuş
- 1/2 bardak ıspanak, sotelenmiş
- 1/4 su bardağı havuç, julienlenmiş ve salamura edilmiş
- 1/4 bardak fasulye filizi, beyazlatılmış
- Üzerine serpmek için Gochujang sosu
- Garnitür için susam tohumları

TALİMATLAR:
a) Pişmiş suşi pirincini bir kaseye yayın.
b) Üzerine ızgara veya kavrulmuş domuz eti dilimlerini yerleştirin.
c) Sotelenmiş ıspanak, havuç turşusu ve beyazlatılmış fasulye filizlerini ekleyin.
ç) Kasenin üzerine Gochujang sosunu gezdirin.
d) Süslemek için susam serpin.
e) Kore esintili domuz göbeği bibimbap suşi kasesini servis edin ve tadını çıkarın!

87.Jambonlu ve Ananaslı Suşi Kasesi

İÇİNDEKİLER:
- 1 bardak suşi pirinci, pişmiş
- 1 bardak jambon, doğranmış
- 1/2 bardak ananas parçaları
- 1/4 bardak kırmızı dolmalık biber, doğranmış
- 1/4 bardak taze soğan, dilimlenmiş
- Üzerine sürmek için tatlı ve ekşi sos
- Garnitür için susam tohumları

TALİMATLAR:
a) Pişmiş suşi pirincini bir kaseye yayın.
b) Üzerine doğranmış jambonu yerleştirin.
c) Ananas parçalarını, doğranmış kırmızı dolmalık biberi ve dilimlenmiş yeşil soğanı ekleyin.
ç) Tatlı ve ekşi sosu kasenin üzerine gezdirin.
d) Süslemek için susam serpin.
e) Tatlı ve tuzlu jambon ve ananas kombinasyonunu servis edin ve tadını çıkarın!

88.Pastırma Avokado Suşi Kasesi

İÇİNDEKİLER:

- 1 bardak suşi pirinci, pişmiş
- 1 su bardağı pişmiş pastırma, ufalanmış
- 1 avokado, dilimlenmiş
- 1/4 bardak kiraz domates, yarıya bölünmüş
- 1/4 bardak roka
- Çiseleyen yağmur için çiftlik sosu
- Garnitür için frenk soğanı

TALİMATLAR:

a) Pişmiş suşi pirincini bir kaseye yayın.
b) Üzerine ufalanmış pişmiş pastırmayı yerleştirin.
c) Dilimlenmiş avokado, ikiye bölünmüş kiraz domates ve roka ekleyin.
ç) Çiftlik sosunu kasenin üzerine gezdirin.
d) Kıyılmış frenk soğanı ile süsleyin.
e) Lezzetli pastırma ve avokado kombinasyonunu servis edin ve tadını çıkarın!

89.Sosis ve Yumurta Kahvaltı Suşi Kasesi

İÇİNDEKİLER:
- 1 bardak suşi pirinci, pişmiş
- 1 bardak kahvaltılık sosis, pişmiş ve ufalanmış
- 2 yumurta, çırpılmış
- 1/4 su bardağı kaşar peyniri, rendelenmiş
- 1/4 bardak biber, doğranmış
- Üzerine sürmek için sıcak sos
- Garnitür için taze maydanoz

TALİMATLAR:
a) Pişmiş suşi pirincini bir kaseye yayın.
b) Üzerine ufalanmış pişmiş kahvaltı sosisini yerleştirin.
c) Çırpılmış yumurta, rendelenmiş kaşar peyniri ve doğranmış biberleri ekleyin.
ç) Kasenin üzerine sıcak sosu gezdirin.
d) Taze maydanozla süsleyin.
e) Kahvaltıdan ilham alan lezzetli bir suşi kasesini servis edin ve tadını çıkarın!

KÜMES HAYVANI SUŞİ KASELERİ

90.Teriyaki Tavuk Suşi Kasesi

İÇİNDEKİLER:
- 1 lb. tavuk göğsü, ince dilimlenmiş
- 1/4 bardak soya sosu
- 2 yemek kaşığı mirin
- 1 yemek kaşığı bal
- 1 yemek kaşığı susam yağı
- 1 çay kaşığı rendelenmiş zencefil
- 1 bardak edamame, buğulanmış
- 1 avokado, dilimlenmiş
- 2 su bardağı pişmiş suşi pirinci
- Garnitür için susam tohumları

TALİMATLAR:
a) Turşuyu oluşturmak için soya sosu, mirin, bal, susam yağı ve rendelenmiş zencefili karıştırın.
b) İnce dilimlenmiş tavuk göğüslerini bu karışımda en az 30 dakika marine edin.
c) Marine edilmiş tavukları sıcak tavada rengi dönene ve iyice pişene kadar pişirin.
ç) Tabanı suşi pirinci olan kaseleri birleştirin.
d) Üzerine teriyaki tavuğu, buharda pişirilmiş edamame, dilimlenmiş avokado ekleyin ve üzerine susam serpin.

91.Mango Salsa Tavuklu Suşi Kasesi

İÇİNDEKİLER:
- 1 lb. tavuk budu, kemiksiz ve derisiz
- 1/4 su bardağı limon suyu
- 2 yemek kaşığı bal
- 1 çay kaşığı öğütülmüş kimyon
- 1 çay kaşığı biber tozu
- 1 mango, doğranmış
- 1 kırmızı soğan, ince doğranmış
- 2 su bardağı pişmiş Geleneksel Suşi pirinci
- Garnitür için taze kişniş

TALİMATLAR:
a) Turşuyu oluşturmak için limon suyu, bal, öğütülmüş kimyon ve kırmızı biber tozunu karıştırın.
b) Tavuk butlarını en az 30 dakika bu karışımda marine edin.
c) Marine edilmiş tavuğu tamamen pişene kadar ızgarada pişirin veya pişirin.
ç) Taban olarak Geleneksel Suşi pirincini içeren kaseleri birleştirin.
d) Üstüne mangolu salsa tavuğu, doğranmış mango, doğranmış kırmızı soğan ekleyin ve taze kişnişle süsleyin.

92.Tatlı Chili Lime Tavuk Suşi Kasesi

İÇİNDEKİLER:
- 1 lb. tavuk kanadı, şeritler halinde dilimlenmiş
- 1/4 bardak tatlı biber sosu
- 2 yemek kaşığı soya sosu
- 1 yemek kaşığı limon suyu
- 1 yemek kaşığı bal
- 1 su bardağı rendelenmiş mor lahana
- 1 havuç, jülyen doğranmış
- 2 su bardağı pişmiş Geleneksel Suşi pirinci
- Süslemek için kıyılmış fıstık

TALİMATLAR:
a) Turşuyu oluşturmak için tatlı biber sosunu, soya sosunu, limon suyunu ve balı karıştırın.
b) Tavuk filetolarını bu karışımda en az 30 dakika marine edin.
c) Marine edilmiş tavukları sıcak tavada rengi dönene ve iyice pişene kadar pişirin.
ç) Taban olarak Geleneksel Suşi pirincini içeren kaseleri birleştirin.
d) Üstüne tatlı biberli limonlu tavuk, rendelenmiş mor lahana, jülyen doğranmış havuç ekleyin ve doğranmış yer fıstığıyla süsleyin.

93.Portakallı Zencefil Sırlı Hindi Suşi Kasesi

İÇİNDEKİLER:
- 1 lb öğütülmüş hindi
- 1/4 bardak soya sosu
- 2 yemek kaşığı portakal marmelatı
- 1 yemek kaşığı pirinç sirkesi
- 1 çay kaşığı rendelenmiş zencefil
- 1 portakal, parçalanmış
- 1 su bardağı rendelenmiş havuç
- 2 su bardağı pişmiş Geleneksel Suşi pirinci
- Garnitür için dilimlenmiş yeşil soğan

TALİMATLAR:
a) Bir kasede soya sosunu, portakal marmelatını, pirinç sirkesini ve rendelenmiş zencefili karıştırarak sır oluşturun.
b) Öğütülmüş hindiyi kızarıncaya kadar pişirin ve ardından kremayı ekleyin ve kaplanana kadar karıştırın.
c) Temel olarak Geleneksel Suşi pirinci içeren kaseler oluşturun.
ç) Üstüne turuncu zencefil kaplı hindi, portakal dilimleri, rendelenmiş havuç ekleyin ve dilimlenmiş yeşil soğanla süsleyin.

94.Ördek Suşi Kasesi

İÇİNDEKİLER:
- 1 bardak suşi pirinci, pişmiş
- 1 bardak kavrulmuş ördek, kıyılmış
- 1/2 bardak salatalık, jülyen doğranmış
- 1/4 su bardağı havuç, kibrit çöpü kesilmiş
- 1/4 bardak turp, ince dilimlenmiş
- 2 yemek kaşığı soya sosu
- 1 yemek kaşığı pirinç sirkesi
- 1 yemek kaşığı mirin (tatlı pirinç şarabı)
- 1 çay kaşığı susam yağı
- Garnitür için susam tohumları
- Servis için Nori şeritleri

TALİMATLAR:
a) Sosu hazırlamak için küçük bir kapta soya sosu, pirinç sirkesi, mirin ve susam yağını karıştırın.
b) Pişmiş suşi pirincini bir kaseye yayın.
c) Kıyılmış kavrulmuş ördeği pirincin üzerine yerleştirin.
ç) Jülyen doğranmış salatalık, kibrit çöpü kesilmiş havuç ve ince dilimlenmiş turp ekleyin.
d) Pansumanı kasenin üzerine gezdirin.
e) Susam tohumlarıyla süsleyin.
f) Sarma veya daldırma için yan tarafta nori şeritleri ile servis yapın.
g) Ördek suşi kasesinin eşsiz ve lezzetli lezzetlerinin tadını çıkarın!

95. Kişniş Limonlu Tavuk ve Siyah Fasulye Suşi Kasesi

İÇİNDEKİLER:
- 1 lb. tavuk kanadı, şeritler halinde dilimlenmiş
- 1/4 bardak kişniş, doğranmış
- 2 yemek kaşığı limon suyu
- 1 yemek kaşığı zeytinyağı
- 1 kutu siyah fasulye, süzülmüş ve durulanmış
- 1 kırmızı dolmalık biber, doğranmış
- 2 su bardağı pişmiş Geleneksel Suşi pirinci
- Garnitür için avokado dilimleri

TALİMATLAR:
a) Bir kapta doğranmış kişnişi, limon suyunu ve zeytinyağını karıştırarak marinatı hazırlayın.
b) Tavuk filetolarını bu karışımda en az 30 dakika marine edin.
c) Marine edilmiş tavukları sıcak tavada rengi dönene ve iyice pişene kadar pişirin.
ç) Taban olarak Geleneksel Suşi pirincini içeren kaseleri birleştirin.
d) Üzerine kişniş limonlu tavuk, siyah fasulye, doğranmış kırmızı dolmalık biber ekleyin ve avokado dilimleriyle süsleyin.

96.Barbekü Hindi Suşi Kasesi

İÇİNDEKİLER:
- 1 bardak suşi pirinci, pişmiş
- 1 bardak Barbekü hindisi, kıyılmış
- 1/2 bardak mısır taneleri
- 1/4 bardak kırmızı lahana, ince dilimlenmiş
- 1/4 bardak kişniş, doğranmış
- Üzerine sürmek için barbekü sosu
- Servis için limon dilimleri

TALİMATLAR:
a) Pişmiş suşi pirincini bir kaseye yayın.
b) Üzerine rendelenmiş Barbekü hindisini yerleştirin.
c) Mısır tanelerini, dilimlenmiş kırmızı lahanayı ve doğranmış kişnişi ekleyin.
ç) Barbekü sosunu kasenin üzerine gezdirin.
d) Ekstra bir lezzet patlaması için limon dilimleri ile servis yapın.
e) Barbekü hindisinin dumanlı lezzetinin tadını çıkarın!

97.Susamlı Zencefilli Tavuk Suşi Kasesi

İÇİNDEKİLER:
- 1 bardak suşi pirinci, pişmiş
- 1 bardak susamlı zencefilli tavuk, dilimlenmiş
- 1/2 bardak bezelye, beyazlatılmış
- 1/4 bardak dolmalık biber, ince dilimlenmiş
- Rendelenmiş havuç
- Garnitür için susam tohumları
- Çiseleme için soya-zencefil sosu

TALİMATLAR:
a) Pişmiş suşi pirincini bir kaseye yayın.
b) Üzerine dilimlenmiş susamlı zencefilli tavuğu yerleştirin.
c) Beyazlatılmış bezelye, dilimlenmiş dolmalık biber ve rendelenmiş havuç ekleyin.
ç) Süslemek için susam serpin.
d) Kasenin üzerine soya-zencefil sosunu gezdirin.
e) Enfes susamlı zencefil lezzetlerini servis edin ve tadını çıkarın!

98.Somon Avokado Tavuk Suşi Kasesi

İÇİNDEKİLER:

- 1 bardak suşi pirinci, pişmiş
- 1 su bardağı ızgara tavuk, doğranmış
- 1/2 bardak füme somon, kuşbaşı
- 1 avokado, dilimlenmiş
- 1/4 bardak salatalık, doğranmış
- Üzerine serpmek için Wasabi mayonezi
- Garnitür için susam tohumları

TALİMATLAR:

a) Pişmiş suşi pirincini bir kaseye yayın.
b) Üzerine rendelenmiş ızgara tavuk ve pul pul füme somonu yerleştirin.
c) Dilimlenmiş avokado ve doğranmış salatalık ekleyin.
ç) Wasabi mayonezi gezdirin.
d) Susam tohumlarıyla süsleyin.
e) Somon, tavuk ve avokado lezzetlerinin kombinasyonunu servis edin ve tadını çıkarın!

99.Mango Lime Hindi Suşi Kasesi

İÇİNDEKİLER:
- 1 bardak suşi pirinci, pişmiş
- 1 bardak kıyılmış hindi
- 1 mango, doğranmış
- 1/4 bardak kırmızı soğan, ince doğranmış
- Taze kişniş, doğranmış
- Üzerine serpmek için limonlu salata
- Ezilmiş kırmızı biber gevreği (isteğe bağlı)

TALİMATLAR:
a) Pişmiş suşi pirincini bir kaseye yayın.
b) Üzerine rendelenmiş hindiyi yerleştirin.
c) Doğranmış mangoyu, doğranmış kırmızı soğanı ve taze kişnişi ekleyin.
ç) Misket limonu sirkesini gezdirin.
d) Bir vuruş için bir miktar ezilmiş kırmızı biber gevreği ekleyin (isteğe bağlı).
e) Tatlı ve keskin tatları servis edin ve tadını çıkarın!

100.Çıtır Tempura Tavuk Suşi Kasesi

İÇİNDEKİLER:
- 1 bardak suşi pirinci, pişmiş
- 1 bardak tempura tavuğu, dilimlenmiş
- 1/2 su bardağı jülyen doğranmış havuç
- 1/4 bardak kar bezelye, dilimlenmiş
- Üzeri için çıtır kızarmış soğan
- Üzerine serpmek için yılan balığı sosu
- Garnitür için turşu zencefil

TALİMATLAR:
a) Pişmiş suşi pirincini bir kaseye yayın.
b) Üzerine dilimlenmiş tempura tavuklarını yerleştirin.
c) Jülyen doğranmış havuçları ve dilimlenmiş kar bezelyelerini ekleyin.
ç) Üzerine çıtır çıtır kızarmış soğan ekleyin.
d) Yılan balığı sosunu gezdirin.
e) Turşu zencefil ile süsleyin.
f) Servis yapın ve doyurucu tempura tavuğunun tadını çıkarın!

ÇÖZÜM

Keyifli yolculuğumuzu "Zarif Suşi Kaseleri El Kitabı" ile tamamlarken, suşi kasesi deneyiminizi yaratıcılık ve zarafetle zenginleştirmenin mutluluğunu yaşadığınızı umuyoruz. Bu sayfalardaki her kase dolusu tatların, dengenin ve sunum sanatının bir kutlamasıdır; suşi kaselerinin sunduğu enfes olanakların bir kanıtıdır.

İster klasik suşi kaselerinin sadeliğinin tadını çıkarmış olun, ister yaratıcı kombinasyonları benimsemiş olun, ister kendi yaratıcı dokunuşlarınızı denemiş olun, bu tariflerin suşi kasesi maceralarınızı yükseltme konusundaki coşkunuzu ateşlediğine inanıyoruz. Malzemelerin ve tekniklerin ötesinde, zarif suşi kaseleri yaratma konsepti bir ilham kaynağı, sanatsal ifade ve kişiselleştirilmiş mutfak deneyimleri yaratmanın getirdiği mutluluğun kutlanması olsun.

Suşi kaseleri dünyasını keşfetmeye devam ederken, zevkinizi artıran ve bu mutfak sanatının güzelliğini sergileyen çeşitli tarifler konusunda size rehberlik eden "Zarif Suşi Kaseleri El Kitabı" güvenilir arkadaşınız olabilir. Suşi kaselerinin keyfini çıkarmak, görsel olarak büyüleyici deneyimler yaratmak ve her kase dolusu ile gelen zarafeti kucaklamak için buradayız. Afiyet olsun!

www.ingramcontent.com/pod-product-compliance
Lightning Source LLC
LaVergne TN
LVHW021706060526
838200LV00050B/2523